最速で体が変わる「尻《しり》」筋トレ

弘田雄士

青春新書
INTELLIGENCE

腕立て伏せ（腕や胸）や腹筋運動（腹）から筋トレを始めると、とても効率が悪いんです。

プロローグ

筋トレをしたほうがしないよりは絶対にいい。そのことは誰もが知っているはずなのに、あれやこれやと理由をつけて、なかなか続けることができない。なぜかと言えば、筋トレは単純な種目をコツコツとやらなければいけないからです。

どれだけ経験を積んでも、筋トレ上級者になったとしても、常に現状以上に負荷をかけなければなりません。ですから何年経っても筋肉痛は出るし、効果が停滞することもある。

自分が好きでさえあれば、楽しんでさえいれば、自然と継続できるサッカーや野球、バスケットボールなどのスポーツのようにはいかないんですね。

筋トレは楽しくない――私もその気持ちはよくわかります。だから少しアプローチを変えてみましょう。

何より重要なのは、**自分も、また、まわりから見ても、成果がすぐに実感できる筋トレをすること。**筋トレが続かないのは、効率の悪いやり方をしていることが大きな原因。そのために成果を十分に実感できず、モチベーションが下がってしまうのです。

筋トレの目的は人それぞれでしょうが、多くの場合、鍛えあげた腕や胸、引き締まった腹を作って、体のパフォーマンスを上げ、見た目にも魅力的になる、ということが挙げられると思います。

そのために、腕立て伏せやベンチプレスをしたり、腹筋運動をしたりして、腕や胸、お腹《なか》を鍛えていく人がほとんどでしょう。しかし、そのアプローチ、実はとても効率が悪いんです。

詳しくは本文で解説しますが、**パンプアップされた上半身や引き締まった腹を作るための近道は、「お尻の筋肉」から鍛えること。**お尻を鍛えるだけで、お尻の位置が上がり、お腹が引き締まり、背筋が伸びて胸が開き……と、効率よく全身を鍛えることができます。見た目にもバランスのいい体になっていきます。最短・最速で成果を実感できるため、モチベーションも維持しやすくなるのです。

私はアメリカの大学で運動科学を学び、メジャーリーグ傘下のマイナーリーグでトレーニングの専門家としての経験を積みました。日本に帰国後は、プロ野球の千葉ロッテマリーンズやラグビートップリーグの近鉄ライナーズでコンディショニングコーチを歴任。トレーニング指導の専門家として、いままで700人以上のトップアスリートと関わってきました。約20年、フィールドやグラウンドで費やした時間と同じくらい莫大《ばくだい》な時間を、トレーニングルームで過ごしてきたのです。

そんな私が実感している真理。それが先ほどお話しした「**筋トレはお尻からアプローチすることで効率よく全身を鍛えられる**」ということ。そして、もう一つが「**正しい筋トレは、体だけでなく、決断力やリーダーシップも高める**」という事実です。

行うのは「お尻の筋肉」を中心とした、シンプルな筋トレ種目ですが、我々を外見的にも内面的にも格好よくしてくれる「テストステロン」というホルモンに着目したアプローチでもあります。

そのことで魅力的なボディラインになるだけでなく、仕事場でもプライベートでもまわりから「頼られる自分」になることができます。

そのための、誰でも自宅でできる1日5分からの実践的な筋トレの方法を紹介したのが本書です。

アスリートの中でもトップ選手たちに共通する筋トレアプローチを学びながら、ぜひ、いままでとはひと味違う成果を実感してみてください。

最速で体が変わる

#「尻《しり》」筋トレ

目次

1章　腕や胸、お腹から鍛える筋トレは効率が悪い⁉

2章 テストステロンを高める筋トレで人生が変わる

3章 最短・最速で体を変えたかったら「尻」から鍛えろ

4章 1日5分！「尻」から強い自分を作る筋トレ〈基本編〉

7章　いまこそ効果が出る！「胸」と「腹」を最短で鍛える筋トレ

企画協力／イー・プランニング
写真撮影／川本聖哉
イラスト／中川原透
DTP／エヌケイクルー

本書に出てくるおもな筋肉部位

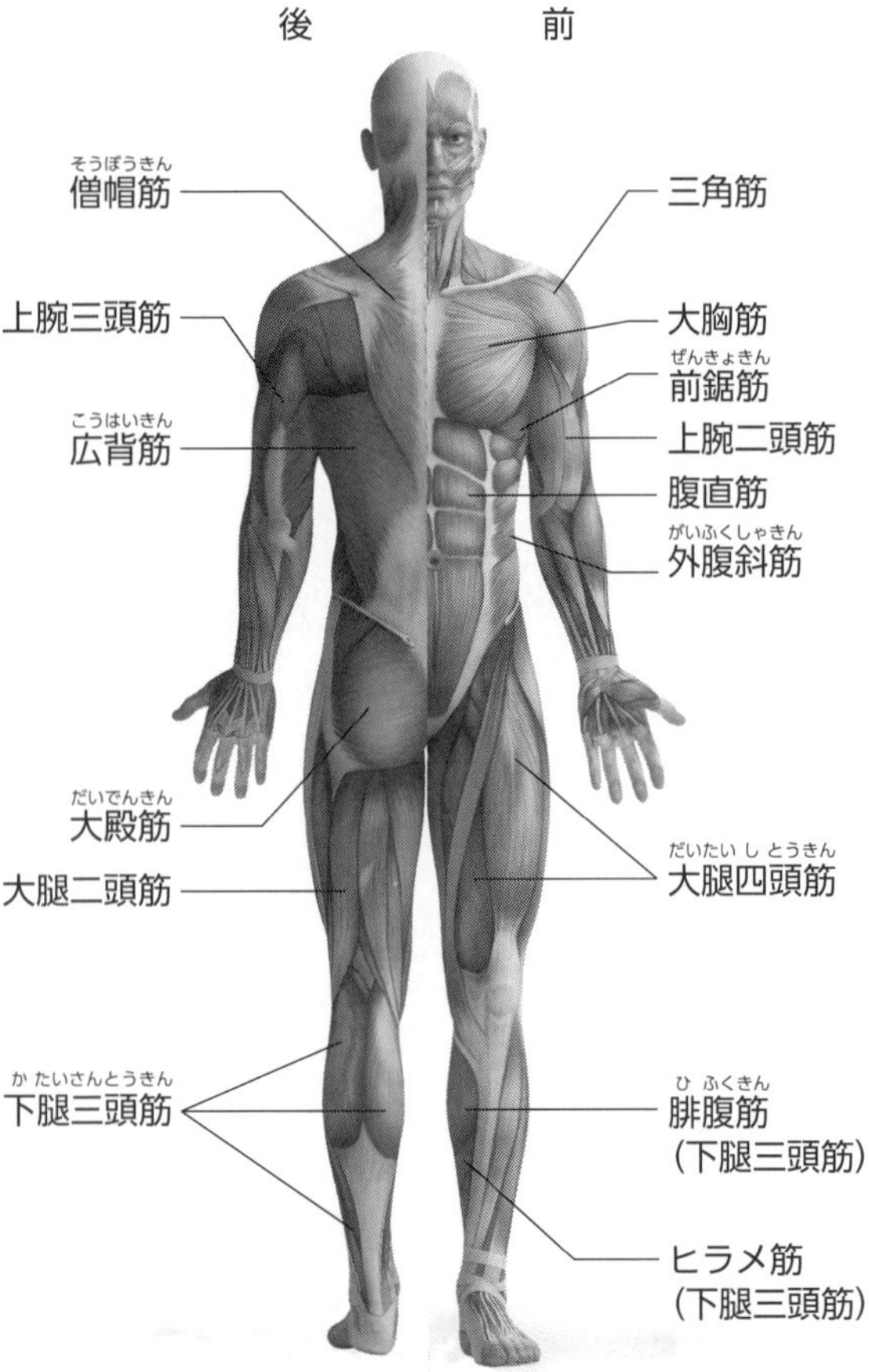

1
章

腕や胸、お腹から鍛える筋トレは効率が悪い!?

1 トップアスリートほどガムシャラに筋トレをやらない

非日常的な空間や緊張の中、我々を熱狂させてくれるアスリートたち。多くの感動を与えてくれる彼らをフィールドやグラウンドで実際に目《ま》の当たりにすると、皆たくましく雄々しい。

トップアスリートって、さぞストイックに、ものすごい量の筋トレを行っているんだろうなぁ……。そんなイメージを持っていませんか?

ところが現実は違うんです。

一流のアスリートほど、実はものすごく「省エネ」な筋トレをします。これは私が関わってきたトップアスリートたちの共通事項です。

技術練習よりも三度の飯よりもウエイトトレーニングが好きなタイプや、ものすごいボリュームのトレーニングを行うことで自信をつけたい生真面目タイプは、トップクラスには一人もいません。

「え、一流選手って、ガムシャラにトレーニングするわけじゃないの？」

私自身、当初は戸惑いましたし不思議だったんです。

でも、徐々にわかってきました。彼らは一様に、パフォーマンスを上げるために必要な技術トレーニングと、そのベースとなる筋トレに割く時間や労力を、絶妙なバランスで調整していたのです。

競技練習に多くの時間を費やすスポーツの中でも、特に野球やラグビーといった球技スポーツを専門としたアスリートたちは、技術習得のために圧倒的な時間を投資します。

有限である時間をどんな配分で活用するか。そのバランス感覚こそが一流と二流を分ける大きな違いであることに気づいたのです。

ラグビー日本代表として、日の丸のユニフォームをワールドカップ4大会、足かけ13年にわたって着続けてきたレジェンドの一人であるトンプソン・ルーク選手。愛称は「トモ」。

彼とは大阪の近鉄ライナーズというチームで約4年間、苦楽を共にしてきました。

トモのウエイトトレーニングは、長くても40分で終了します。ほとんど会話をせず、高い高い集中力で鬼気迫る雰囲気で実施していますが、びっくりするような重量を持つわけでもありませんし、ものすごい量をこなすわけでもありません。

「体の全部の部位をガンガン鍛えられたらモチロン安心。でも、それを目指したら、どれだけ時間があっても足りないね。ボールスキルを伸ばしたり、もっとリフトやジャンプの練習をしたりしないとダメ。我々はラグビープレイヤーなのだから」

彼は常々、こう言っていました。

こういった思考はほかのトップアスリートにも共通していました。「なるほどなぁ」とひとり納得したとき……実はもう一つ、あることに気がついたのです。

「トップアスリートには共通して大事に鍛えている部位がある」

という事実です。それこそが本書のメインテーマであり、どこよりもまず鍛えてもらいたいパートである「**お尻**」と、そして「**背中**」だったんです。

2 鍛える部位を見れば、一流か二流かすぐわかる

あなたがトレーニングジムに行って筋トレをするとしましょう。それなりにトレーニング経験があり、動ける格好いい自分になりたいと思っている。そんなとき、まずどの部位の、どんな種目をやろうとするでしょうか？

……正直に答えてくださいね。バーベルでのベンチプレスか、チェストプレスをイメージした人、多かったのではないでしょうか。

腕や胸は、男性にとって常に人気の強化部位の1位、2位です。その傾向はプロ野球選手だろうと、ラグビーのトップリーガーだろうと変わりません。

「今日はフリー！　好きにウエイトトレーニングしていいよ～」

と指示を出すと、選手の8割以上は、ベンチプレスやショルダープレスといった上半身種目を、嬉々《きき》としてやり始めます。

ベンチプレスとチェストプレス

しかし、これこそが一流と二流を分ける決定的な差なのです。

あえて厳しい表現をしますが、**上腕や胸の筋肉ばかりつけたアスリートは一流にはなれません。**理由はシンプルに「**パフォーマンスが上がりづらい**」からです。

競技スポーツを行ううえで、上腕や胸の筋肉がメインエンジンとなって稼働する機会って実は少ないのです。

野球選手の爆発的スタートから始まる盗塁。ラグビー選手がライン際を華麗なステップで駆け上がるランニング。サッカー選手が一瞬の隙をついてディフェンスの裏をつく飛び出し……いずれもメインで使われる筋肉は下半身が中心。

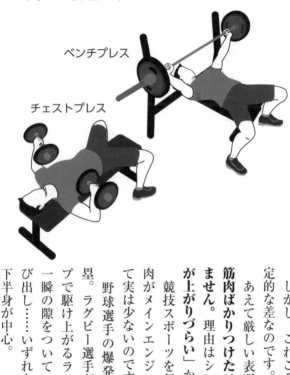

上半身もスピードを出すためには大事な要素ですが、その局面では上半身の中でメインに使われるのは背面の筋肉。

大胸筋ではなく広背筋。力こぶの筋肉の上腕二頭筋ではなく、後ろ側の上腕三頭筋がより重要なわけです。

外野手のフェンス越しでのジャンプしながらのスーパーキャッチ。息を合わせて最大4m50㎝以上の高さで競い合うラグビーでのラインアウト。上方に向かっての素早くパワフルな動きに使われるのも、同じく背面の筋肉たち。

トップアスリートたちが継続的に筋トレに励むのは、より強く、より速く、よりタフに競技動作を遂行するためです。その目的のための手段として行うのです。

それなのに、無意識に「きつい筋トレをやるんだから、せめて好きな部位をやろう！」と上腕や胸の筋トレばかりを集中的に行ったらどうなると思いますか。

継続すれば筋肉はついてきますが、ムキムキになっても肝心のプレーはよくならない。

挙げ句の果てに、

「ほらね。一生懸命筋トレしても全然パフォーマンスが上がらない。筋トレなんてしないほうがいいんだよ！　そもそも実際のプレーとぜんぜん違う動きなんだから……」

などと不平不満をこぼす選手たちを星の数ほど見てきました。

そんな選手たちには目もくれずに、一流の選手はひとり空いているスクワットラックのほうに向かいます。お尻を鍛えるための下半身種目を行い、続けてラックの上部にぶら下がって懸垂種目で背中を鍛えるのです。


どの選手もウエイトルームにいる時間は同じ。トータルで利用した総重量も同じ。消費カロリーも汗の量もほとんど同じ。……それでも鍛える部位と意識がちょっと違うだけで圧倒的に結果が違う。これってあまりにももったいない話です。

トップアスリートは決して軸がぶれることがありません。筋トレはとても重要だけど、あくまでも有益な一手段と自覚しています。

だから「筋トレして格好いい体になりたい！　ムキムキになりたい！」といったように、手段が目的化することがないのです。

この思考って仕事に臨むビジネスパーソンにとっても重要なはず。せっかく筋トレをするのであれば、あなたはどちら側の人間になりたいですか？

3 背面を強化するほうが体もメンタルも強くなる理由

そうは言っても、上腕や胸を鍛えることへの願望が消えない方がいるかもしれません。やはり見た目への憧れって強い強い欲求。多くの人にとって、見た目にわかりやすくゴツくなり、半袖やノースリーブを着た際に、筋肉隆々の二の腕や厚い胸板を見せられるのは自信につながるでしょうから。

それでは、もし私が、

「実は、腕や胸を鍛えるより、背面を鍛えたほうが、『よりデキる人に見える』んですよ」

と言ったらどうでしょうか。

これは詐欺でもセールストークでもなく、多くの人が知らないだけの紛れもない事実です。根拠となるキーワードは「姿勢」です。

皆さんが大好きな腕立て伏せやベンチプレス。全身運動ではありますが、メインで鍛えられるのは大胸筋です。

大胸筋は上半身を代表する大きな筋肉ですが、どこにくっついているかというと鎖骨の内側〜胸骨と上腕骨のちょっと上の出っぱり部分（大結節稜《だいけっせつりょう》と言います）。

筋肉は基本、遠いほうから近いほうへ、外側から内側に動きます。大胸筋は鍛えて力が強くなればなるほど、外側の腕の部分が体の中心部に近づいてくるわけです。

大きく太くなるほど、腕は前に出てきやすくなり内側に入ってきます。実際に腕を前に出して内側に入れた姿勢を取ってみてください。

結果的に背中が丸くなり猫背になるのがわかりますよね？　胸ばかりを鍛えていると、姿勢は一様に悪くなるのです。

この典型的な姿勢を専門的には「スウェイバック」と言い、バランスを取るために首も前に突き出すようになります。

……どれだけ胸の筋肉がムキムキになっても、こんな姿勢のアスリートではいいパフォーマンスを発揮できないし、ビジネスパーソンなら「デキる！」とは思われないはずです。

大胸筋のつき方とスウェイバック

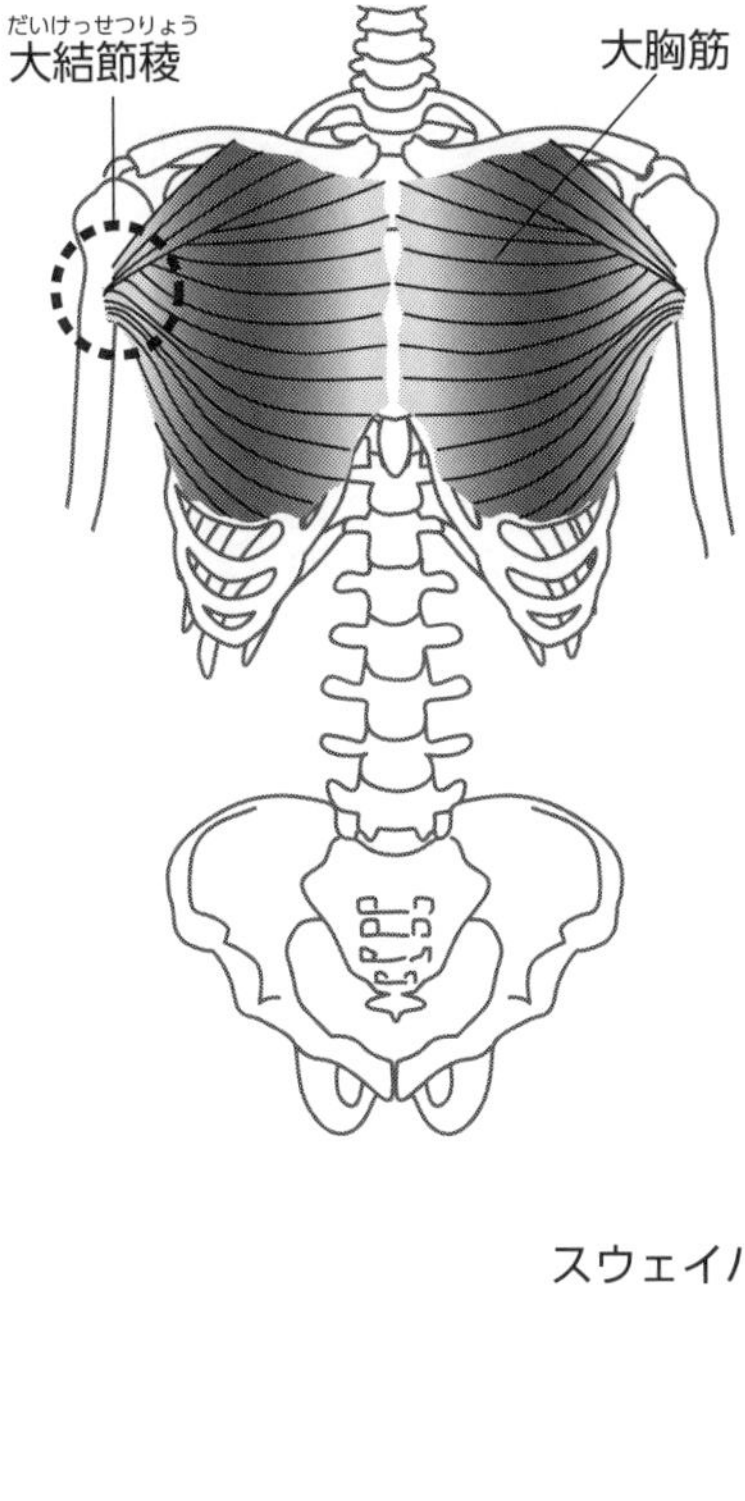

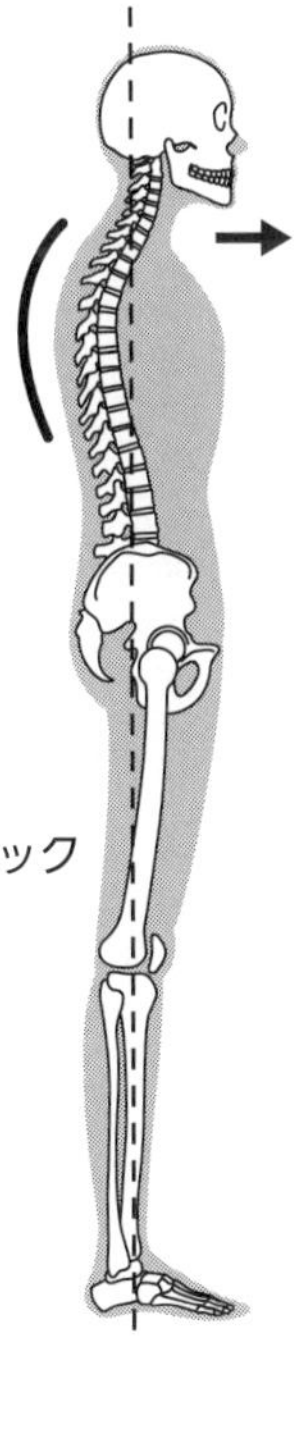

大胸筋ばかりを鍛えると、体が内側に引っ張られ、背中が丸くなり、猫背になってしまう。

一般的な頼りになるリーダーの姿を思い浮かべてください。できるリーダーほど背筋が伸びているもの。背筋が伸びたいい姿勢は、オーラをまとった自信を感じさせます。この雰囲気は実はまわりだけでなく、本人にも大きな影響を与えることがわかっているのです。

２００９年10月、姿勢に関する実験結果が発表されました。スペインのマドリード自治大学の心理学者ブリニョール博士が71名に行った、自分自身の評価と姿勢との関係を調査したものです。

被験者には全員同じ質問をします。内容はシンプルで、「将来プロとして仕事をするにあたって、自分の良いところと悪いところを書き出しなさい」というもの。

片方のグループには「姿勢を正して」質問に答えさせる。もう一方のグループには背筋を曲げた「猫背」で答えさせました。

答えた内容も項目も、２つのグループに差はありません。ところが、自分が書いた内容に自信があるかどうかには、大きな違いが生まれました。

姿勢を正したグループは自分への評価が高く、むりやり猫背にさせられた人たちは自己評価が低くなったのです。

このことからも、姿勢と自己評価には一定の相関関係があると考えていいでしょう。

背筋がスーッと通っていると、自信が生まれます。胸が開いていることで視野も広がります。決断力やリーダーシップが高まる大きな要素になるのです。

4 だらしないお腹を何とかしたいから腹筋！の大間違い

疑り深いあなたは、それでもまだ納得できないかもしれません。

「確かに姿勢をよくするのは大事だけど、それなら背部よりもまずお腹を引っ込めないと！腹筋が先でしょ？」

中年の多くが悩むぽっこりお腹を、腹筋を鍛えることで何とかしようと思っているのではないでしょうか。

気持ちはわかりますが、優先順位がまったく間違っています。

ハッキリ言いましょう。**お腹を引っ込めたいからといって、腹筋運動をせっせとやるのは**

非効率的なんです。

骨のサポートが少なく、内臓が入っているだけのお腹は、もっとも脂肪がつきやすい場所。お腹が出てくる一番の理由は体脂肪が増えたためなのです。だから体脂肪を落とさないとダメ。

体脂肪を落とすための王道戦略は、基礎代謝を上げてエネルギーを消費しやすい体を作ること。そのためには体全体の筋肉量を増やすことが必要です。

筋肉量を増やす、という観点から考えると、腹筋ってイマイチです。なぜなら、大事な内臓を膜状《まくじょう》に覆うのが役割なので、基本的に〝薄い〟のです。

筋肉量をアップさせて体脂肪を落とすためには、大きい筋肉を鍛えるのが効果的。だから最優先で鍛えるべきは、まずは「お尻」なんです！

苦しい腹筋運動に耐えて、腹筋ばかりをがっちりトレーニングするのは、別の弊害もあります。

腹筋たちの中でもっともボリュームがある腹直筋は、恥骨稜《ちこつりょう》というところから始まり、上に上ってきて第5・6・7肋軟骨《ろくなんこつ》前面と剣状突起《けんじょうとっき》にくっついています。

腹筋（腹直筋）のつき方

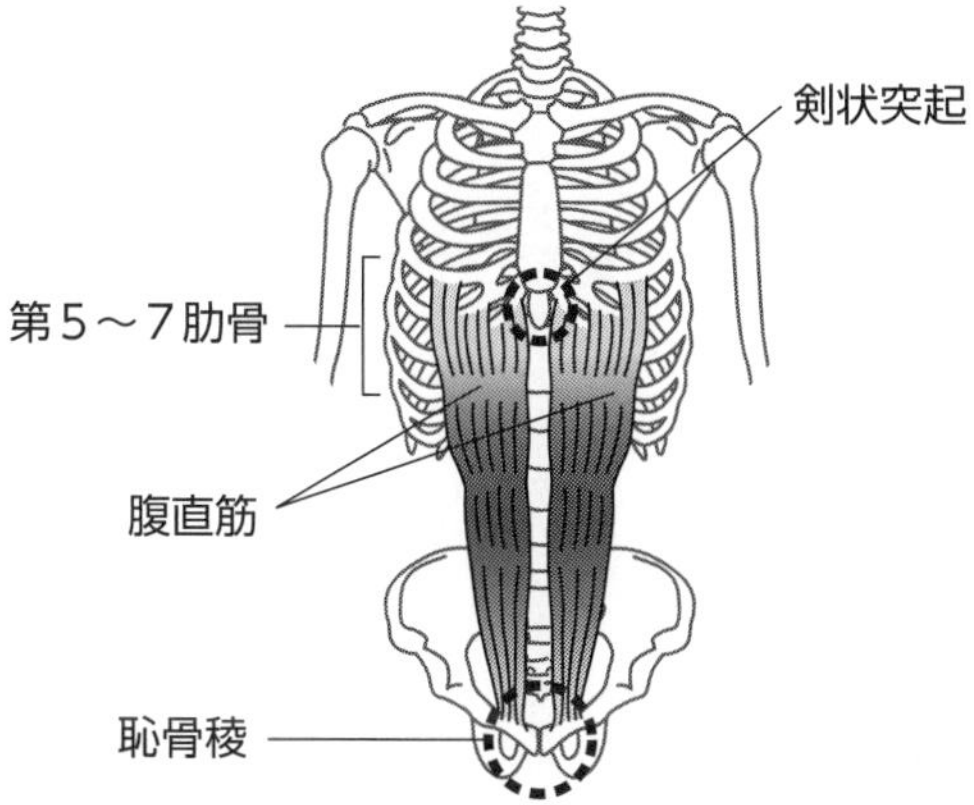

腹筋ばかりを鍛えすぎても、前かがみの状態になり、猫背を助長してしまう。

腹筋運動をガンガンして腹直筋の引っ張る力が強くなると、どうなるでしょう。前項で紹介した大胸筋と同じように、上半身は前かがみの状態になり、猫背を助長することになってしまうわけです。

ビジネスマンが憧れる厚い胸板、引き締まった腹。そのためにせっせと腕立て伏せやベンチプレス、腹筋運動をするのは、手段としてはあまり賢明ではないということ、わかってもらえたのではないでしょうか。

5 まずお尻から鍛えるべき3つの理由

ここまで読み進めていただいて、ようやく大半の方が「なるほどね。じゃあ、腕や胸、お腹から鍛え始めるのはやめておくか……」と思い始めてくれているのではないでしょうか。

そのうえで「お尻と背中を鍛え始めよう！」と思ってくれたらとってもうれしいです！　うれしいのですが……。

成果が出る筋トレをスタートさせよう、と思っているのであれば、**最初はお尻だけにフォーカス**していきましょう。お尻を鍛えることなく、背中から強化を始めてしまうと新たなリスクを背負うことになるからです。

理由を説明しましょう。

●理由1——背中から鍛えると姿勢が崩れ腰痛の原因に

そのリスクとは姿勢のバランスが崩れてしまうことです。

背中を鍛える筋肉は、ざっくり言うと骨盤前傾に持っていくものばかり。骨盤をバランスのいい中立の立場に保ってくれる一番の優等生は、大殿筋《だいでんきん》という単体では筋肉の中でもっとも大きいお尻の筋肉。

だから、大殿筋を強化してきちんと使える状態にしてからでないと、鍛えれば鍛えるほど反《そ》り腰姿勢になってしまうのです。

反り腰が続くと、まず起こるのが腰痛。トレーニングを行う際にお腹まわりの力も入りづらくなるので、バランスは悪くなる一方です。

この状態で無理して背中を中心に鍛え続けると、最悪、脊椎分離症《せきついぶんりしょう》という疲労骨折の状態になってしまいます。

これが、大殿筋がしっかり働いてくれる状態で背中の筋肉を鍛えると、体の裏面の筋肉たちが協力し合って姿勢をサポートしてくれるようになります。

太ももの裏の筋肉であるハムストリングスやふくらはぎの筋肉である腓腹筋《ひふくきん》やヒラメ筋（下腿三頭筋）が一つの帯のように背面を支えてくれるのです。

連結して働くこの機能をポステリア・キネティック・チェーン（ＰＫＣ）と呼びます。ＰＫＣがカチッと機能してくれ始めると、姿勢は見違えるようによくなり、体の前面である胸や肩の筋肉も動きやすくなるのです。

腹筋運動をしなくても、お腹に力が入りやすくなり、結果的に腹圧が高まります。脊柱《せきちゅう》（背骨）が安定して力がより発揮しやすくなり、腰痛予防にも一役買ってくれます。

そのことを実感しているからこそ、トップアスリートはお尻から鍛え始めています。**お尻の強化を最優先することが、結果的に最速で厚い胸板や引き締まったお腹、安定した体幹を作る近道**だというわけです。

• 理由2――もっとも見た目の変化に影響を与える部位だから

お尻から鍛えるべき2つ目の理由は、1つ目とはガラリと変わって外見的な要素です。

ズバリ「**お尻を鍛えることが、見た目や印象がよくなることに一番影響を与える**」からです。

ポステリア・キネティック・チェーン

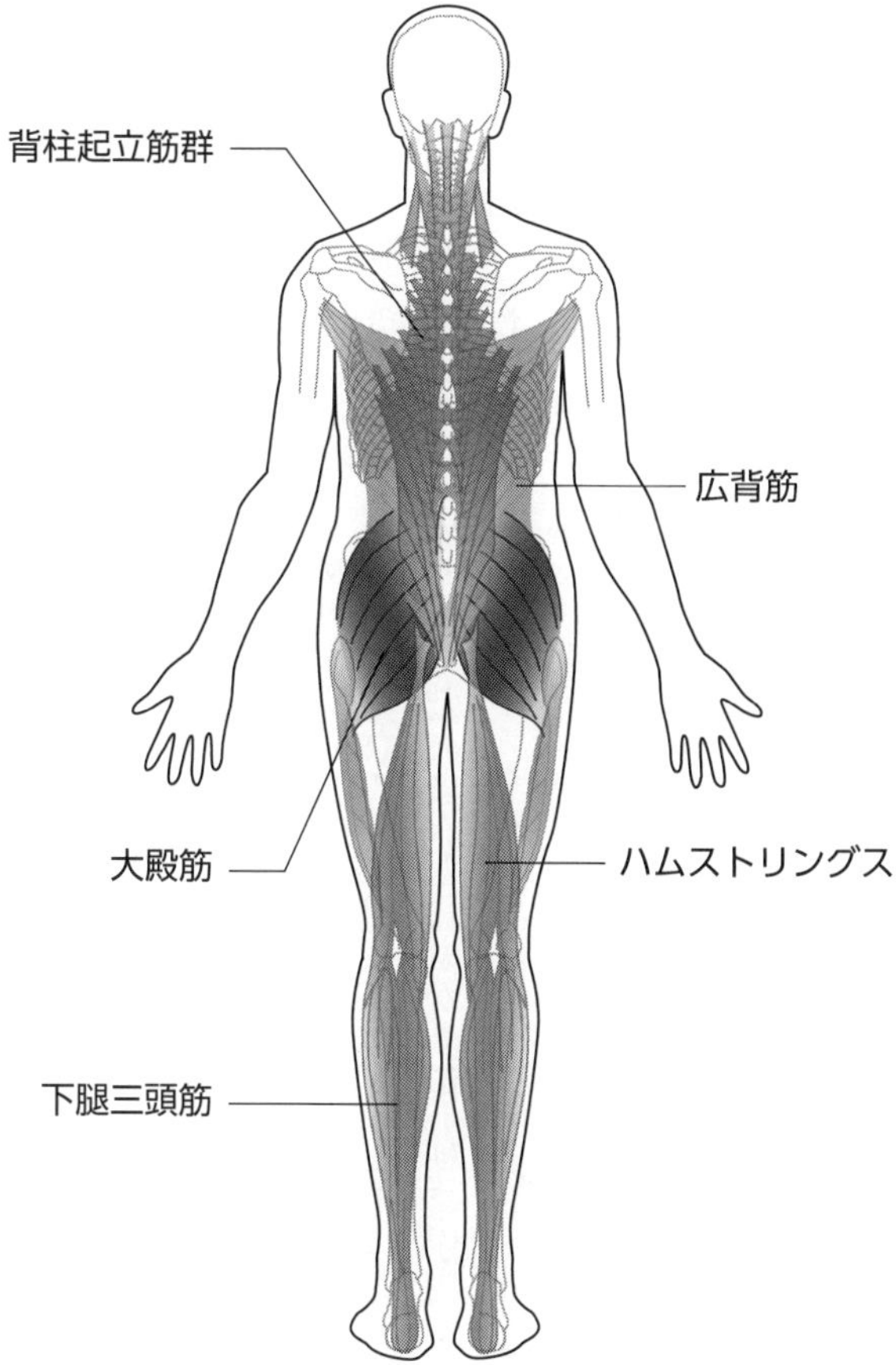

大殿筋がしっかり働くことで、ふくらはぎ・太もも裏・背中といった体の背面の筋肉が連結して働いてくれる。この機能をポステリア・キネティック・チェーン（PKC）という。

筋トレを頑張る女性をイメージしていただくとわかりやすいはずです。

女性を担当するパーソナルトレーナーは、何をおいてもまず、お尻を鍛えることからスタートします。一番変化を実感しやすい部位であり、外見をよくしてセクシー度をグッと上げてくれる部位だからです。

お尻の位置が高くなり、キュッと引き締まってくると、体の凹凸のメリハリが出ます。お尻の曲線が強調されることで相対的にウエストも引き締まって見えます。

満足していただく成果を出すために大切なことは、とにかくトレーニングを継続してもらうこと。喜んでやる気になってもらうために、とにもかくにも結果が出やすく、見えやすいお尻を強化するわけです。

このアプローチ、間違いなく正しいです。わかりやすいように女性を例に挙げましたが、男性もまったく同じ優先順位がベスト。

お尻を最初に鍛えることでベルトを締める位置が高くなり、お腹が引き締まって見えます。

スーツのパンツのシルエットが目に見えて変わるので、周囲から「痩せましたか?」などと声をかけられる機会も増えてくるはずです。

こんな状況でやる気にならない人はいませんよね? 最短で明らかな効果を実感しても

らうために、まずはお尻を鍛えるべきなんです。

●理由3――人体で一番大きい筋肉を鍛えることで「テストステロン」が高まるから

突然出てきた「テストステロン」という言葉に戸惑う方もいるのではないでしょうか。

その気持ちはよくわかります。テストステロンと言えば代表的な男性ホルモン。性的な能力や意欲の衰えが気にはなるけれど、別にそこまで執着していないよ……という方が多いはず。

ですが、実はこのテストステロン、**性的な役割のほかに、物事に積極的に取り組もうとする「意欲ホルモン」の一つであること**が、最近明らかになってきたのです。

男性は20代中頃からゆるやかにテストステロンの分泌量が減り始め、30〜40代で急激に減少することが知られています。

このテストステロンの減少を最小限に抑えることが、魅力的で頼もしい中年期を過ごすための、最大のポイントになってきます。

テストステロンの分泌は食事やサプリメントでも高められますが、もっとも効果的なのが筋トレ。それも人体で一番大きな筋肉量を誇る大殿筋を中心に鍛えることが、テストステロンの分泌を効率的に促進できると考えられるのです。

昔から、一流のスカウトや指導者ほど、選手のお尻を最初にチェックするのが定石《じょうせき》になっています。お尻がよく発達してきれいな形をしている選手ほど意欲的であり、体力的・技術的にも伸びしろがある可能性が高いからなのだそうです。あまり根拠のない通説だと高をくくっていましたが、

「お尻が発達している→テストステロン分泌が盛ん→活動的で意欲が高く能力を発揮しやすい状態」

という仮説を立ててみると、アスリート指導やスカウトの長い歴史の中で、自然とこういった識別がなされていったのも腑《ふ》に落ちます。

筋トレを継続することで、テストステロンを高めていく——この考え方はとても重要なカギとなるので、次章以降で詳しく説明していきましょう。

コラム　テストステロンだけじゃない。筋肉を強くするホルモン、弱くするホルモン

あなたは「いや〜、最近代謝が悪くなってさぁ」「君は若いから代謝がいいね」なんて言っていませんか？　でも、代謝って何なのか、正直説明できないのではないでしょうか。

ひと言で言うと、代謝とは「異化と同化を合わせたもの」です……って、余計わからないですよね。わかりやすく説明しましょう。

異化とは、カタボリズムとも言われ、エネルギーを得るために、グリコーゲンや中性脂肪、たんぱく質などの大きな固まり（分子）を小さく分解すること。

同化とは、アナボリズムとも呼ばれ、組織や器官を作り維持するために、アミノ酸、グルコース、脂肪酸などの小さな固まり（分子）から大きな固まりを合成すること。異化で細かくしたものを、同化で必要な形に再合成する。この2つの働きを合わせて代謝というわけです。

代謝に関わるホルモンは、大きく異化を刺激するホルモン（カタボリックホルモン）と同化を刺激するホルモン（アナボリックホルモン）の2つのグループに分けられます。

この本では主要な男性ホルモンであるテストステロンに焦点を当てていきますが、テストス

テロンは同化を促すホルモンの代表選手です。ほかにも、筋トレによって活性化されるホルモンはたくさんあります。いくつか紹介していきましょう。

筋トレで筋力を強くしたり、太くしたりするうえで、より活性化されてほしいアナボリックホルモンの代表格には、テストステロンと並んで成長ホルモンがあります。

成長ホルモンは脳下垂体《のうかすいたい》から分泌されるホルモン。筋肉に直接作用する場合もありますが、おもに精巣で分泌されるテストステロンとは違って、肝臓やそのほかの組織に働きかけ、間接的に筋肉を発達させるサポートをします。自分でシュートも打てるけれど、精度の高いセンタリングを上げてくれるキラーパサーという役割なんですね。

この成長ホルモンに関して、面白い性質がわかってきました。代表的なアナボリックホルモンであるにもかかわらず、体脂肪に関しては異化作用のあるカタボリックホルモンであることが明らかになったのです。

成長ホルモン欠損症が体脂肪の増大を促すこと、成長ホルモン欠損症患者に成長ホルモンを投与すると、体脂肪が減少することなどが次々にわかってきました。

成長ホルモンは、メジャーリーグで活躍する大谷翔平選手のように「合成する／分解する」のどちらにも関与する二刀流であったわけです。

成長ホルモンは深い眠りであるノンレム睡眠時に分泌されますが、ノンレム睡眠後30分で最大となり、一般に午後10時から午前2時頃に最大になるとされています。そのため、成長期の子どもはもちろん、40〜50代のビジネスパーソンにとってもできるだけ夜早めの時間に眠りに就くことが重要です。筋肉の合成を促し、体脂肪の分解を促してくれるのですから、これを利用しない手はないんです！

もう一つ、ちょっとドキッとしますが、筋肉作りには敵となるカタボリックホルモンの代表選手として、コルチゾールも紹介しておきましょう。

副腎皮質《ふくじんひしつ》から分泌されるホルモンの一種ですが、心身がストレスを受けると急激に分泌が増えることから、「ストレスホルモン」とも呼ばれています。

コルチゾールは肝臓で糖を作り出す、脂肪を分解して代謝を促進する、免疫抑制、抗炎症作用を持つなど、とっても有益なホルモンです。ただ、高いストレス状態となると、「筋肉のたんぱく質を分解してエネルギーに変える」という働きをし始めるのです。

……これは困りますよね。

対策はシンプル。まずトレーニングのしすぎを避けること。体が受けるダメージが回復のスピードに追いつかなくなると、筋トレをすればするほど体が細く弱くなっていきます。

唾液でも測定することができるテストステロン - コルチゾール比（T-C比）という測定方法において、値が低くなればなるほど（コルチゾールの比率が高まるほど）、体内ではカタボリックな作用（分解）が強まっていることになります。適度な運動と休息が必要だということが、コルチゾールホルモンの分泌からもわかりますよね。

……………………………………………

一流アスリートとの㊙エピソード1

トンプソン・ルーク選手

物心ついたときから野球を始めて、大学途中までプレー。アメリカ留学の後半にメジャーリーグベースボール傘下3Aチームでのインターンを経て、日本帰国後にプロ野球チームの千葉ロッテマリーンズへ入団……と、ずっと野球に携わり続けてトレーニング指導をしてきた私ですが、2014年に初めてラグビーの世界で指導を始めました。

所属することになった近鉄ライナーズには、ワールドカップ日本代表に4度選ばれた日本ラグビー界のレジェンド、トンプソン・ルーク選手がいたのは前述の通りです。

野球畑から来たコンディショニングコーチである私に興味を持ってくれたトモは、「ユウジ、やってくれたストレッチ、いまの自分の状態がわかって驚いた。気がついたことをどんどんフィードバックして！」と、すこぶる素直な反応を見せてくれました。競技の違いによる偏見などいっさいなく、明るく私の提案や独自のトレーニングを試してくれたのです。

長年の酷使で晩年の彼の足首はボロボロでしたが、メディカルトレーナーの治療などに関しても、専門家の個々の力を見極めて、徹底的に上手に活用する姿が印象的でした。

どんな小さな勝負も勝ちグセをつけろ

トモとのエピソードで印象的だったことが、「どんな勝負も勝たなければダメ」という強い姿勢でした。

例えばラグビーにはチーム練習の一環として、ボールを用いたファン（楽しむ）ゲームというプログラムがあります。気分転換を狙ったボールを使った鬼ごっこのようなゲームでもあるのですが、トモはどんなときも必死の形相で勝ちを取りにいくのです。

遊びだろうが専門外だろうが、とにかく勝負と名がつくものには常に真剣。レフェリーにアピールしたり、クレームを言ったりしながらも、結果にこだわり貪欲にプレーします。

対して日本人選手たちは、ファンゲームになってリラックスモードになると一生懸命プレーはするものの、どこか遊びの感覚が抜けずに勝負に徹しきれません。そんな様子の選手を見ると、

「いい加減なプレーしない！　絶対に勝つよ。勝ちグセ、めっちゃ大事!!」

と鋭い眼光で注意を飛ばすのがトモでした。

良くも悪くも日本人は、何がなんでも結果を出す！　勝つ！　という一点に対する執念にも似たこだわり、という点が弱い気がします。気持ちのうえでも「守りに入る」傾向があり、勝ちきるという結果に対して、マイナスに作用してしまうことがある。トモは、そのことを危惧して、常に勝利にこだわるマインドを示し続けた炎のラガーマンでした。

結果にこだわり味方を鼓舞し続ける、強いキャプテンシーと献身性。実力はもちろん、彼の強いマインドが必要とされたからこそ、足かけ13年もの間、ラグビー日本代表のロックとして選ばれ続けたのだと思います。

2章

テストステロンを高める筋トレで人生が変わる

筋トレは絶対にしたほうがいい。正しい筋トレを続けるといいことだらけ！　それは間違いのない事実ですが、人ってわかっているからって頑張れる生き物じゃない。トレーニング指導歴20年近い私はよく知っているつもりです。

だからこそ体力低下を実感し、ボディラインが崩れてきている中年の方に対しては、少し違った角度から提言させてもらいたいんです。「テストステロンを高めるために筋トレをやりましょう。人生が変わりますよ！」と。

ここでは「正直、テストステロンが意欲ホルモンって言われても全然ピンとこない……何でそこに着目する必要があるの？」というあなたの疑問にお答えしていきましょう。

1

男性ホルモンの一つであるテストステロン

▼テストステロンはおもに3種類ある

テストステロンは代表的な男性ホルモンの一つです。男性ホルモンには、いくつかの種類があります。話題になることの多い代表的な3種類を知っておきましょう。

テストステロン……男性ホルモンの代表的存在。男性では精巣で95％作られ、一部が副腎から作られる。女性の場合は卵巣、脂肪、副腎で作られますが、男性よりもかなり少なく、分泌量は男性の十分の一程度。男性では一日の変動が大きいが、女性ではそれほど変化しないと言われています。

代表的な男性ホルモンのテストステロンはいくつかの形態に分類されますが、もっとも働きの強い活性型のテストステロンである遊離テストステロンは、全テストステロンのうちわずか1～3％のみです。

デヒドロエピアンドロステロン（DHEA）……正確に言えば男性ホルモンのもとになるもの。副腎で作られ、若返りホルモンと呼ばれることもある。

ジヒドロテストステロン（DHT）……テストステロンに5α《アルファ》リダクターゼという酵素が結びつくと生成される。毛髪細胞を低下させる作用があり、薄毛の原因に。

これらの男性ホルモンたち。実はものごとに積極的に取り組もうとする意欲を左右するホルモンということが近年わかってきました。男性は40代から急激に男性ホルモンの量が減少し始めますが、この時期に同時に気力の低下や物忘れが増え、記憶力も落ち始めるのです。

▼女性にも大切な男性ホルモン

男性に比べると10％程度ではありますが、女性にも男性ホルモンの分泌はあります。しかも面白いことに女性の場合、加齢とともに男性ホルモンが増えてくる、という事実がわかってきました。

これは女性ホルモンの減少にともなう相対的な変化ではなく、実際に40代、50代、60代と男性ホルモンの分泌が盛んになるのだそうです。

日本だけでなく世界的にも、一般的に女性は年齢を重ねるほど、積極的、社交的になる傾向がありますよね。これが男性ホルモンの影響によるものだとすると、合点がいくような気がします。

2 40代を過ぎたら特にテストステロンが大事な理由

▼性機能だけじゃない。肥満やメンタルにも関わってくるホルモン

テストステロンは筋肉の量と強度を保つのに必要であり、造血作用を持ち、男性の性行動や性機能に重要な役割を有します。

20代からゆるやかに減り始め、40代で急激に分泌が減少することがわかっていますが、低下することで明らかに性機能が落ちます。わかりやすいバロメーターとされている早朝勃起を自覚する日が少なくなるのは切ないですよね。

そのほかにも、

・疲れやすく、疲労も抜けづらい

・精神的な落ち込み、うつ症状、イライラ感

・集中力、意欲の低下などの症状が出てきます。テストステロンには抗肥満作用もあるため、低下にともなって太りやすくなり、高血圧や高脂血症、ひいては糖尿病のリスクまで上がることがわかっています。

▼リーダーシップを高めてくれる

テストステロン値が高いと男らしさが強く、攻撃的であると思われがち。しかし、男らしさより社会的ホルモンと言われており、テストステロン値が高いほうが人との交渉能力

や決断力が高いという研究データも存在します。

つまり、テストステロン値が高まると精神的にも影響を与え、リーダーシップが高まり、決断力を後押ししてくれるんですね。


興味深いエピソードがあります。アメリカでの実験ですが、女性に74名の男性の写真を見せて好みの男性を選別してもらいました。

その結果を見ると、選ばれた男性は免疫力が高く、テストステロン値が高い人ばかりだったというのです。

生き生きとした姿を見せ、覚悟を持って的確な意思決定ができる。同性、異性を問わずこんな人物であれば、間違いなくあなたは「モテる人材」であり続けるでしょう。

テストステロンの働きを維持し続けることは、プライベート・ビジネスシーンにかかわらず、求められるキーパーソンであるためにとても重要な要素なのです。

▼知らず知らずに陥っている？ 男性更年期症候群を疑おう

40歳以降で身体的、心理的、性的な不調が男性性腺《せいせん》機能の低下によってもたらされる症状を、通称で男性更年期症候群、正式には「加齢男性性腺機能低下症候群（ＬＯＨ症候群）」と言います。

ＬＯＨ症候群は、うつ、性機能の低下、認知機能の低下、骨粗鬆症、内臓脂肪の増加、インスリン抵抗性の悪化（血糖値の上昇）、善玉コレステロール（ＨＤＬ）の低下、中性脂肪と悪玉コレステロール（ＬＤＬ）の上昇につながり、メタボリック症候群のリスクファクターになります。さらには心血管疾患、糖尿病、呼吸器疾患のリスクを高めます。

診断にはチェックテストなどで中等症以上に該当するかを確認。その後、血液検査でもっとも働きが強いとされている遊離テストステロン値を測定し、8・5pg/㎖未満であるとＬＯＨ症候群と診断されます。

ただし、遊離テストステロンは日内変動があって、朝は高く夕方に低くなります。このため、専門医は患者が受診されたのが午前遅めか午後であれば、その日は血液検査を行わず、日を改めて朝一番に来てもらうように指示するそうです。

深刻なテストステロン値の低下が明らかになった場合は、ホルモン補充療法が行われます。

知人の泌尿器科の先生によると、実際の投与経験・理論上の両者からも、テストステロ

男性更年期症候群のチェックテスト

次の質問に5段階で回答し、総点数で評価をします。
（なし：1点　軽い：2点　中程度：3点　重い：4点　非常に重い：5点）

	症　状		点数
1	総合的に調子が思わしくない	身	
2	関節や筋肉の痛み	身	
3	ひどい発汗	身	
4	睡眠の悩み	身	
5	よく眠くなる、しばしば疲れを感じる	身	
6	いらいらする	心	
7	神経質になった	心	
8	不安感	心	
9	からだの疲労や行動力の減退	身	
10	筋力の低下	身	
11	憂うつな気分	心	
12	「絶頂期は過ぎた」と感じる	性	
13	力尽きた、どん底にいると感じる	心	
14	ひげの伸びが遅くなった	性	
15	性的能力の衰え	性	
16	早朝勃起（朝立ち）の回数の減少	性	
17	性欲の低下	性	

評価基準

症状の程度	心理的要素	身体的要素	性機能要素	総合評価
なし	5点以下	8点以下	5点以下	17〜26点
軽度	6〜8点	9〜12点	6〜7点	27〜36点
中等度	9〜12点	13〜18点	8〜10点	37〜49点
重度	13点以上	19点以上	11点以上	50点以上

合計点数
- 17〜26点：男性更年期障害ではない
- 27〜36点：軽度男性更年期障害の可能性
- 37〜49点：中等度男性更年期障害の可能性
- 50点以上　：重度男性更年期障害の可能性

【引用文献】加齢男性性腺機能低下症候群（*LOH*症候群）診療の手引き
「*Heinemann*らによる*Agingmales'symptoms*（*AMS*）スコア」より

ンは精神面（活気、やる気、集中力）や仕事の効率、筋力維持に生理的に関連性が高いと実感しているとのこと。投与すると患者さんに喜んでもらえるケースが多く、ＱＯＬ（人生の質）も改善する場合も多いそうです。

女性の間では認知度が高い「更年期障害」ですが、男性もまったく同じような症状に苦しんでいるケースは少なくない。……にもかかわらず、自分も周囲も男性の更年期障害に関しての知識どころか、存在自体を知らない人が多いのが現状でしょう。気をつけたいものです。

▼あなたのテストステロン値をチェック

実際に自分もＬＯＨ症候群かもしれない……そんな不安がある男性はいったいどうしたらいいのでしょう。

前述のチェックテストをしたうえで、メンズ・ヘルス外来を受診して血液検査をする、というのは、ちょっと敷居が高くて怖い、という方もいるはずですよね。

そんな方は、人間ドックならぬ「男性力ドック」を受診するのはいかがでしょうか。通常の人間ドックでは行わない、男性更年期専門家の問診や独自のチェック項目を加えたものです。

そのチェック項目の中でもちょっと新鮮なのが、「両手のコピーを取り、薬指と人さし指の長さを比較する」チェック方法。これは示指環指比《じしかんしひ》と呼ばれている検査法です。

単純に手のひら側で五指を並べて比較する、というのでも構いませんが、正式な測定方法は、手の甲側を用いて、指を90度に曲げたときの指先から基節骨《きせつこつ》の突起までの長さを測定する方法が採用されています。

2D：4D比とも言われますが、所定の手の人さし指の長さを、その手の薬指の長さで割ることで求められます。特に右手に顕著に特徴が出やすいとのこと。

人さし指が長ければ2D：4D比は1より大きくなり、薬指が長ければ1より小さくなるわけです。この2D：4D比が小さい、つまり人さし指よりも薬指が長いということは、子宮内でのテストステロン曝露量《ばくろりょう》が高いことを示しています。この場合、テストステロン値が高く、

【身体的・競争的行動】スポーツでの攻撃的行動の増加／大相撲力士の番付と幕内生涯勝率の上昇／握力がより強い傾向（男性）

テストステロン量の推定に使われる「示指環指比《じしかんしひ》」

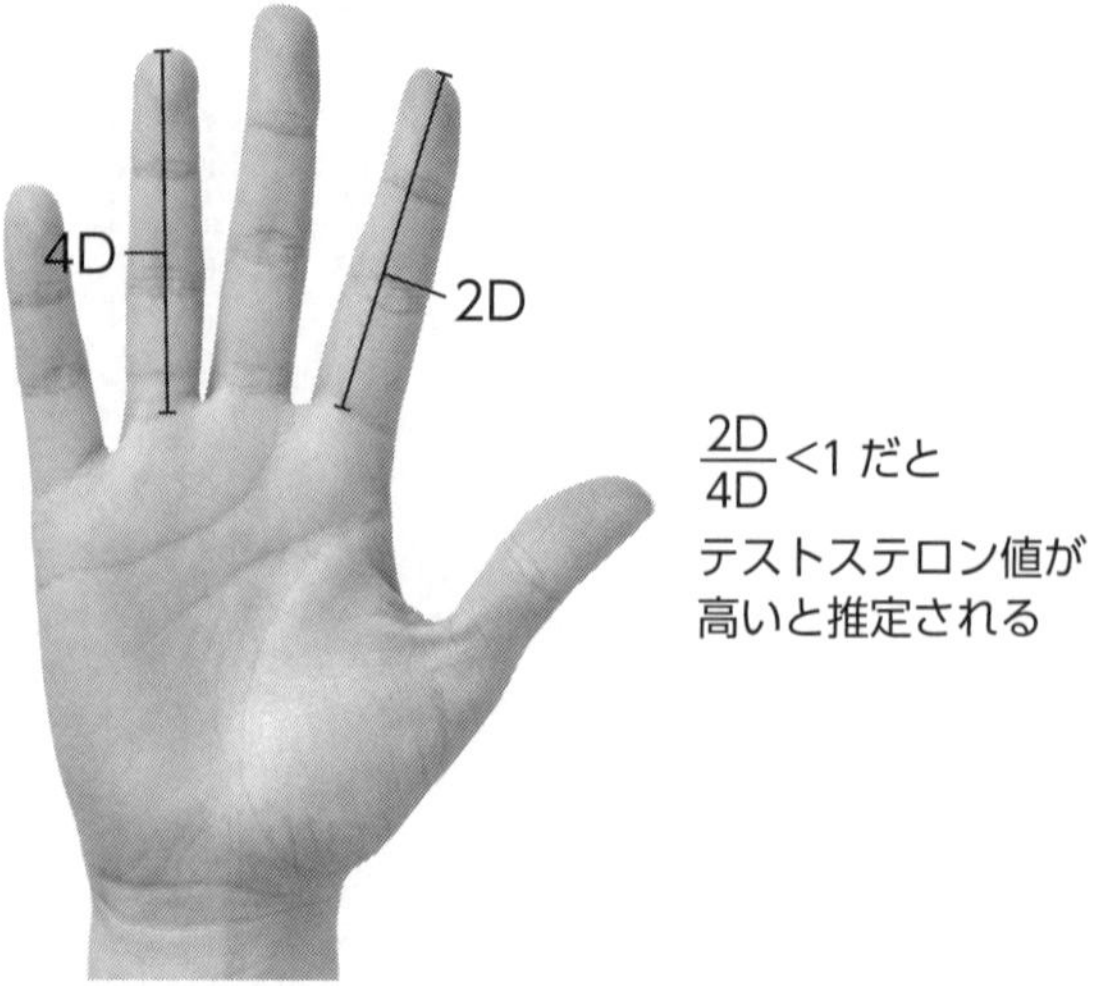
4D
2D
2D/4D <1 だと
テストステロン値が
高いと推定される

【認知・人格：攻撃性】 顔の知覚的支配性・男性性（男性）／感情移入の減少／高リスクな行動の増加（男性）／規範的行動の志向

などの特徴と相関関係にあるのです。

2017年9月にはスイスの学術誌に、出《しゅっ》生前《しょうまえ》に胎内で浴びる男性ホルモンが多いほど女性の月経前症状が重くなる可能性があるという説が発表されました。

この指標としても使われるのが、性ホルモン量の推定に使われる示指環指比。右手の薬指が人さし指に比べて長いほど、諸症状が重くなる傾向が見られたそうです。

従来の研究で、「男性ホルモンを出生前に多く浴びると、人さし指に比べて薬指が長くなる」という傾向がわかっており、今回の研究でも「出生前に男性ホルモンを多く浴びると月経前症状が重くなる」という可能性が示されたわけです。

男女問わずに、男性ホルモン量を推し量るのに有効な指の長さ。いますぐ右手の人さし指と薬指の長さをチェックしてみましょう。

3 テストステロン減少を抑える生活習慣を身につける

外見だけでなく、内面的な要素にも影響を与えるテストステロン。この大事なホルモンを、ただ指をくわえて衰えていくままにしていてはいけません。

できるだけテストステロン量が低下していくスピードをゆるめる「減少緩和作戦」を発動しましょう。

【テストステロン減少を抑える5カ条】

①暴飲暴食を防ぎ、カギとなる食材を積極的に取り入れよう

テストステロンを生成分泌している精巣は、活性酸素による酸化の影響を受けやすいデリケートな部位。ストレス、紫外線、タバコ、過度な運動などで発生した活性酸素が精巣の機能低下を促してしまうことが知られています。

ビタミンA、C、E、各種ポリフェノールを含む抗酸化食材を摂取し、精巣をダメージから守りたいもの。

お酒は適量であればテストステロンの分泌量を増加させます。適量とは純アルコールに換算して20g程度。日本酒なら1合、ビールなら500㎖、ワインなら1/4本。ただし、それ以上の量を長期間飲み続けると睾丸がダメージを受けてテストステロンの量が減ってしまいます。完全に禁酒する必要はないですが、たしなむ程度にしたいですね。

毛髪の亜鉛濃度が高い男性はテストステロンの活性度が高いことがわかっています。因果関係はまだ明らかになっていませんが、亜鉛が精巣の機能をサポートしているのではないかと言われています。

ビタミンA・C・E、亜鉛を多く含む食品

ビタミンAを多く含む食品
豚や鶏のレバー、うなぎ、まぐろ、たら、海苔、卵黄、にんじん、モロヘイヤ、ケール、ほうれんそう、春菊など
ビタミンCを多く含む食品
アセロラ、柿、いちご、オレンジ、グァバ、ケール、赤ピーマン、芽キャベツ、ブロッコリー、緑茶など
ビタミンEを多く含む食品
アーモンド、らっかせい、ごま、大豆、トマト、かぼちゃ、アボカド、緑茶、たら、あんきも、すじこなど
亜鉛を多く含む食品
牡蠣、うなぎ、いわし、牛肉、豚肉、チーズ、大豆、ごま、まいたけ、かぼちゃなど

亜鉛を必要量摂取しておくに越したことはないわけです。おススメは貝類で、特に牡《か》蠣《き》は2粒で1日の亜鉛必要量がまかなえますよ！

②承認欲求を満たしてあげよう

テストステロンの別名は「勝利のホルモン」。社会的に成功したり、賭け事に勝ったり、欲しいものを手に入れたり、新しいことに意欲的に取り組んだりするときには脳幹《のうかん》からドーパミンという神経伝達物質が分泌されますが、その分泌を促すのがテストステロン。

勝つばかりでなく褒められることでもテストステロン値は簡単にアップします。もしかすると、だからこそ人はみな褒められること、認められることに快感を覚えるのかもしれませんね。仕事仲間や生活のパートナーと積極的にお互いを褒め合うようにしましょう。

③睡眠不足と徹夜をやめよう

睡眠はテストステロンの維持に大きく影響します。7時間睡眠に比べて4～5時間睡眠ではテストステロン値が如実に低下。アメリカ医学協会では睡眠不足が1週間続くと、テストステロン値が最大15％低下することが報告されています。

睡眠不足による活性酸素の発生が精巣に与える影響も大きいようです。最低でも6時間の睡眠時間は確保しましょう。

④ほどよい有酸素運動を楽しもう

運動がテストステロンの分泌を促すことは古くから知られていますが、どんな運動でもそうした作用が期待できるかと言えばＮＯ！

有酸素運動の場合、テストステロン値は上昇するものの、運動中にピークを迎え、運動後には平常時のレベルに落ち着きます。いまのところ、テストステロンのベースラインを引き上げるかどうかはわかっていないのです。

長くても1時間程度の適度なレベルであれば、テストステロンは増えます。ただし有酸素運動の強度や総量が多すぎると、かえってテストステロン値は低下することがわかっています（詳しくは後述）。ジョギングやランニングはほどほどに楽しみましょう。

⑤戦略的な筋トレを定期的に行おう

5カ条の中でもっとも優秀なのが、筋力トレーニング。筋トレは有酸素運動と違って、運動後も上昇したテストステロン値を比較的長くキープできることがわかっています。負荷とインターバルの調節をして戦略的に実施していきましょう！　その具体的な方法は3章以降で紹介します。

4 筋トレでテストステロンを高めよう

提案した5カ条のうち、もっともアクティブでテストステロン分泌を促せるものが筋トレ。ちょっと難しい話になりますが、今後の筋トレの狙いと方向性を理解するためにも、どんな仕組みでテストステロンが高まることにつながるか、詳しい関係を見ていきましょう。

▼筋トレで「最大の内分泌器官」=筋肉を活性化せよ

筋肉は下垂体や甲状腺、副腎や卵巣、精巣などと同じように内分泌器官（ホルモンを作り出し分泌するところ）と考えることができます。

筋肉は体重の約40%を占めますから、全身の筋肉をよく動かす筋トレは「最大の内分泌器官」を活性化し、「健康によい物質」の分泌を促すことになります。

元来、テストステロンは筋肥大を促すホルモン。しかし筋トレによってテストステロンの分泌量も増加するという「持ちつ持たれつの関係」にあり、筋トレの効果として、筋肉内のテストステロンの受け皿であるアンドロゲン受容体を増加させることがわかっています。アンドロゲン受容体が増加すると、

テストステロンが作用しやすく、筋肥大が効率的になる
↓
筋肥大が起これば、ますますテストステロンが必要になる
↓
テストステロンがさらに分泌される

……こんな好循環に入っていくわけです。

テストステロン分泌に関しても、まだまだすべてが解明できたわけではありません。しかし、テストステロン値が高まらないタイプのトレーニングも存在することがわかってきています。「筋トレをしさえすればテストステロン値が高まるわけではない」のです。

筋肉を鍛えて、かつテストステロン値を高めるために絶対に押さえておくべきなのが、

・どれぐらいの負荷で
・どれくらいの頻度で
・どんな部位にフォーカスして

行うべきなのか、という設定をきちんと決めておくことです。

▼筋力強化より筋肥大アプローチを

高重量で低回数行う最大筋力を上げる負荷設定よりも、**中程度の重量で8～12回実施できる負荷で行う筋肥大アプローチのほうが、テストステロン値が高まることがわかっています。負荷は1回できる強度に対しての70％、そしてセット間のインターバルは60秒にすることで、トレーニング後もテストステロン値をもっとも長く維持できる**とされています。

筋肥大の効果は総負荷量で決まる、というのが2010年以降、トレーニング業界では定説となってきています。総負荷量とは「トレーニングの強度（重量）×回数×セット数」

です。1週間単位で同じ総負荷量になれば、極端に言えば週6回やろうと週1回で終わらせようと理論上は同じ効果が出るはずなのです。

しかし週6回行うと、筋肉に適切な負荷がかけきれないだけでなく、筋肉が回復する時間が取れません。逆に、週1回では急激な負荷をかける必要があるため、ケガのリスクが高く現実的ではないでしょう。

このことを踏まえると具体的な組み立てとしては、**集中力を持って週2回、10回ギリギリできる負荷で3セット、セット間の休みは1分。**2回のトレーニング実施日の間は**少なくとも中1日を空けて筋肉を回復させる。**これが基本戦略となります。

自宅で行うトレーニングでは、総負荷量を決める要因のうち「トレーニングの強度（重量）」を頻繁に変えることはできません。トレーニングに体が慣れてきたら回数を10→12回に増やす。さらに慣れてきたらセット数を3→4セットに増やす、という工夫をすることで総負荷量を上げていきましょう。

最終的に1週間単位での総負荷量を増やすために、月・水・金のように中1日を空けて週3回トレーニングするのも効果的です。

▼お尻から攻める！が王道

男性では特に、大筋群《だいきんぐん》と呼ばれる大きな筋肉を使ったエクササイズにおいて、運動中のテストステロン値の上昇が見られます。人体最大で最重量の筋肉は……？　そうですね、大殿筋です。

この大殿筋は股関節伸展《しんてん》（太ももを後ろに伸ばしていく動き）や股関節外旋《がいせん》（ガニ股にする動作）などでおもに働きますが、単独で動くことはありません。必ず中殿筋《ちゅうでんきん》やハムストリングスといった、下半身を代表するような筋肉群と共同して働きます。

大殿筋をメインとしたお尻を鍛えるエクササイズをすることで、最小の労力で最大限の筋肉が刺激される大きな効果が得られます。テストステロン値を高めるためにも、筋トレではまず「お尻から攻める！」。これが王道です。

▼男性は朝よりも夕方の筋トレがベター

男性では、一般的にもっともテストステロン値が高いのは朝。一日の中で時間が経つにつれて減少していきます。一日を通してテストステロン値を高めたいのであれば、午後に

股関節の伸展と外旋

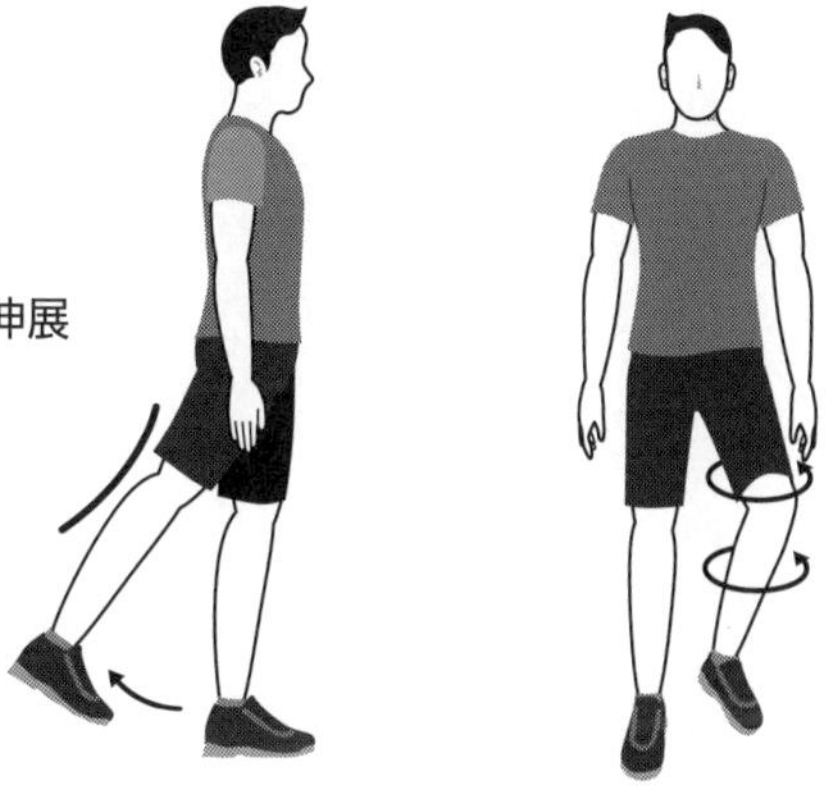

大殿筋はおもに股関節の伸展や外旋で働くが、必ず中殿筋やハムストリングスといった下半身を代表する筋肉群と共同して働く。

エクササイズを行うのが効果的。スケジュールを上手に調整して、**午後から夕方に筋トレができるように**工夫してみてください。

平日は難しいでしょうから、**セカンドベストとしては夕食後がおススメ**です。

夕食後くらいゆっくりしたい、という気持ちはわかりますが、夕食前の空腹時には血糖値が下がっています。この状態で筋トレをすると、体内では筋肉を分解することでエネルギーを補おうとしてしまうので、あまり適切ではありません。こうなってしまっては、筋トレを頑張るほど筋肉が減っていく……という本末転倒な結果になりかねませんから、くれぐれも注意しましょう。

一方、女性は男性に比べると一日の変動が

ほとんどないことが知られているので、自分の都合のいい時間に行ってもいいでしょう。

ただし、男女を問わず、就寝直前の筋トレは睡眠導入の妨げになるので避けましょう。興奮作用を持つ交感神経の働きが活発になってしまうからなんですね。

最低でも就寝の3時間前までには筋トレは終わらせて、入浴したり好きな音楽を聴いたりしてリラックス。副交感神経のスイッチを入れて、体がリラックスした状況を作ってあげましょう。

▼まずは脳を〝その気〟にさせる

アメリカの運動生理学の専門家であるクルマーらの研究論文によると、筋トレをしたことがない男性でエクササイズによりテストステロン値を高めるためには、1回で終わらせず、日にちを空けて何回か行う。つまり、少なくとも複数回の筋トレ経験が必要であると報告されています。

筋トレによってトレーニング未経験者の男性の視床下部‐下垂体‐精巣系のメカニズム（脳から放出されるホルモンが精巣を刺激して、テストステロンの合成・分泌を促すこと）が変化する可能性を伝えているのです。

つまり、まったく筋トレをしたことがない人は、筋トレそのものに慣れてくることで、脳からの「おお！　筋トレしているね!!　ホルモン、ドバドバ出そうぜー！」という命令をきちんと伝えられるようになるということ。

筋トレ未経験者の人は焦らず、「急がば回れ」の気持ちで段階を踏んで、お尻を効かせるトレーニングからやっていきましょう。

▼有酸素運動のやりすぎには要注意

前にも少し触れましたが、多くの人が陥りがちな盲点、それが「有酸素運動のやりすぎはテストステロンを減少させる」という事実です。

2016年の1月に私が衝撃を受けた論文が、「有酸素運動のしすぎによって男性ホルモンの代表格であるテストステロンの分泌量が減る可能性がある」というもの。

参考記事によると、45～55歳の市民ランナー44人（男性33人、女性11人）について、1カ月間の走行距離と血中テストステロン濃度との関係を調査。その結果として、

・月間走行距離が100～120㎞程度の人が、男女ともにもっともテストステロン値が高い

・「月間走行距離が200㎞を超える」とテストステロン値が急に下がる

ことが確認されたとのこと。

まったく違う観点から出された統計においても、1カ月に200㎞以上走るとケガの発生率がグッと高まるというものがあります。

「テストステロン値が低い状態で運動を続けるせいではないか。月の走行距離は200㎞以内に抑えてほしい」と指摘する泌尿器科医もいるほどです。

何事も「過ぎたるは及ばざるがごとし」。有酸素運動もほどほどに、がよさそうです。

さて、筋トレの効果を上げるためにも、筋トレを通して社会的にモテる人材になるためにも、テストステロンの分泌を促すアプローチが大事なこと、ご理解いただけましたか？

せっかく筋トレを行うのであれば、テストステロン値を高めるような戦略を取るのがベスト。筋トレ効果を高めるだけでなく、この「意欲ホルモン」の効果でやる気にあふれ、人にも求められるようになるはず。

仕事に人生にいい影響しかない、この筋トレ方法、ぜひ実施していきましょう！

コラム テストステロンとSEX――大事な試合の前に「いたすかどうか」の大問題

いままでに何度も、若手選手から「試合前日にセックスするのはよくないんですか?」という素朴な質問をされたことがあります。中堅選手はうれしそうに騒ぎ立て、外国人選手の中には、

「逆だろ! テストステロンが活性化されるんだから、むしろ『した』ほうがいいんだ!」

と熱く語る選手まで現れる始末。実際のところ、この問題はどう考えるといいのでしょう?

スポーツイベント前のセックスに関するあらゆる研究をまとめた最近の論文では、試合の前日にセックスしても、害になりそうにないと結論づけられました。

「接して漏らさず」を実行できるか

さまざまな論文を踏まえて、私がきわめて真面目に答えるのが、「性的興奮はOK。でも男性は射精しないほうがいい」という内容。前述の外国人選手が考えたように、男性ホルモンの代表選手であるテストステロンは性的興奮で高まります。試合前日のセックスはテストステロン

を多く分泌するという面で、パフォーマンスに非常にいい影響を与えてくれる可能性もあるのです。

しかし男性はひとたび射精をすると、プロラクチンとオキシトシンというホルモンが出ます。オキシトシンは人間関係を高め、信頼関係を深めるホルモンなのですが、問題はプロラクチンの分泌。プロラクチンは下垂体前葉ホルモンの一つで、コルチゾールの活動を高めてしまう働きがあるのです。

1章のコラムでも紹介したように、コルチゾールはストレスを感じたときに分泌され、筋肉を分解する作用を持つホルモンでしたよね。

射精によってトレーニングで蓄えた大切な筋肉が分解されやすい状態になってしまうんですね。また、精液には亜鉛やアルギニンが多く含まれているため、これらの栄養素も失ってしまう可能性があります。

私が現在メインで担当しているラグビーは、激しいコンタクトスポーツの代表格であり、コルチゾールの分泌が高まるのは絶対に避けたいところ。公式戦の前に性的興奮によってテストステロンの分泌を高めるのはいいことずくめですから、可能であれば「接して漏《も》らさず」を守ってもらえればOKということになります。

「接して漏らさず」は、江戸時代の儒学者であり医学者でもあった貝原益軒《かいばらえきけん》が『養生訓《ようじょうくん》』で説いた教えですが、こんなところに生かされるわけですね。

とはいえ、個人的にはなかなかハードルが高くて、正直、自分が実行できるか自信はありませんが、こういった割り切りができるタイプには、「疲れを残さない短めのセックスを楽しんで、射精をしないで終わる」というパターンはおススメです。

多くのアスリートが直面する「禁欲」期間

アスリートレベルが高くなるほど、セックスや自慰行為による影響が気になるもの。なかなか正直にまわりに相談することが難しい、デリケートな問題です。実際にアスリートたちは、どのように考えているのでしょうか。

私が関わってきたプロ野球選手のケースを紹介しましょう。300人以上のプロ野球選手と関わってきましたが、特に先発投手はほぼ100%が試合登板数日前から「禁欲」状態でした。特に示し合わせたわけではなく、本能的なものなのではないでしょうか。

変則的な投球スタイルで有名になった某投手は、登板3日前からお酒を飲まずにセックスもしない、という確固たるルーティンがありました。その選手に尋ねると、科学的なデータというよりも自身の感覚でこういった状態がもっとも投げやすいのだ、ということ。なるほどなぁと感心したものです。

一方でほぼ毎日プレーする野手は、そこまで神経質になっていては長いシーズンもたないでしょう。しかし野手の中にも、「(試合前にいたすと) 何となく腰が軽い気がする」というネガティブな感想を持つ選手が多かった印象です。

高い緊張感のある公式戦の直後こそ要注意

2018年8月。ジャカルタ・アジア大会に参加中だったバスケットボール男子日本代表4選手が不適切な行為により、日本選手団員の認定を取り消されました。公式戦直後、日本代表のジャージを着たまま繁華街に食事に行き、そのまま売春行為に及んだという内容。

ごく普通のテンションでこのニュースを聞いたとき、「何を考えているんだ? 常軌を逸している!」そう感じた人が多かったはず。私自身も正直そう感じましたし、もちろん彼らの軽率な行為を擁護することはできません。

しかし、国際大会や公式戦での重圧というのは、私たちが日常で体験するようなものとはレベルが違います。このことも知っておいてほしいと思うのです。

敗戦した場合はショックが大きく、心身ともに大きなダメージを負うもの。このケースの場合、性的欲求の観点から周囲が心配する必要はあまりありません。

一番怖いのが、好結果が出たり、勝つことが難しいと思われた相手に大金星を挙げた、などのときです。

交感神経が優位となり、研ぎ澄まされた緊張感の中で過ごしていた選手。そこから一気に解放され、好結果によりテンションもアップ。ドーパミンなどの快楽ホルモンも分泌されます。

副交感神経が優位になることで、急にお腹が空いたり、眠気が襲ってきたり。……当然3大欲求の1つ、性欲も高まってくる選手が多いわけです。

アスリートの緊張感とその反動からくる性衝動。この摂理は、2016年のリオオリンピック開催時に配布されたコンドームの数を考えると、何となく理解できると思います。

国際オリンピック委員会が、必要量として選手村にて配布したコンドームの数、なんと45万個！　選手村の最大収容人数が約1万8000人だということと考え合わせると、いかにすごい量かわかると思います。

国の代表選手が選手村内で暴行未遂事件を起こし強制帰国を命じられるケースも、1大会内で1度は聞くニュースです。

議論されることが少ないスポーツと性欲求ですが、きちんとデータを取りつつ研究を進めていくことも必要でしょう。

極度の緊張感からの反動は思った以上に大きいもの。普段の様子からは想像もつかないハイテンションになる選手にも、これまで何十人も遭遇してきました。

通常の思考回路ができなくなることも想定して、選手もチームスタッフも、好結果のときほど気を引き締めるべきなんですね。

一流アスリートとの㊙エピソード2

ボビー・バレンタイン監督

いままでさまざまなリーダーや監督の下《もと》で仕事をしてきた体験を通じて、リーダーに求められる役割について考えてきました。リーダーのもっとも重要な役割の一つが「決断すること」だと思っています。

ボビーに学ぶリーダー像

ボビー・バレンタイン氏をご存じでしょうか？　１９８５年に当時メジャーリーグ史上最年少の35歳でテキサス・レンジャーズの監督を務め、日本では二度にわたり千葉ロッテマリーンズの監督を歴任。２００５年にはチームを31年ぶりの日本一に導いた名将です。みんな、彼のことを愛称の「ボビー」と呼んでいましたので、ここでも以下はボビーと呼びます。

ボビーは２００４年、私が所属する千葉ロッテマリーンズに監督としてやってきました。選手とのコミュニケーションを大切にし、一人ひとりの性格を把握し、個々の持っている力を最大限に引き出す能力に長《た》けている。選手にとって素晴らしい監督でした。

一方で、コーチやチームスタッフにとっては、とても厳しい監督でもありました。曖昧な部分を許さない。疑問を持ったり改善点が浮かんだりしたら、とにかく徹底的に追究するのがボビーのやり方でした。

こちら側も、それまでの日本人監督のやり方では通用しないことが数カ月でわかりました。そこで私は、徐々に「ボビーが監督として求める情報」というのを先回りしてまとめることにしました。それを持って相談したり、データとして報告したりすることを続けるようにしたのです。

そんな先回り対応をすると、ボビーはちょっとびっくりしたような顔を浮かべ、ニヤッと笑ってウインクしていました。……とてもうれしい瞬間でしたが、その半面、一瞬たりとも油断できないな〜と背筋が伸びるような思いもしていたものです。

ボビーとは6年間、一緒に働きました。厳しい指摘やムチャに感じるような要求も一度や二度ではありませんでした。タスクを任された際に、報告やデータ、そして「なぜ、その数字が必要なのか」というWHY（なぜ？）の部分は必ず根掘り葉掘り聞かれるのが常。大きなプレッシャーを感じることばかりでしたが、どんな状況においても一貫して助けられていた部分があります。

私が関わっていたトレーニングやコンディショニングの部門は選手にとっても球団にとっても大切なものですが、他方で技術コーチやアスレチック・トレーナーなどとの関係が非常に難しい部門でもあります。なぜなら、トレーニングの導入やボリュームの管理に関して、投手コーチや打撃コーチたちが意見することも多く、往々にして衝突も起こりがちだからです。

そんな中で、ボビーは「監督の一存」という決め方を常にしてくれました。リーダーとして一度納得すれば必ず決断をしてくれたのです。

「これはお前に任せることに決めた。ほかの立場の人間が何を言ってもベストと思う判断をしなさい。私からそうしろと命令されたと言えばいい」

技術コーチであれ、チーフトレーナーであれ、当たり前ですが最終決断はできないわけです。そんな中で最終的なリーダーである監督が玉虫色の決着をつけるなどで「決断を放棄」してしまうと、やり切れない思いばかりが部下には残ってしまうもの。リーダーの迷い、曖昧模糊《もこ》とした態度は自信のなさを露呈することとなり、組織がバタバタと浮き足立ち始める可能性さえありますよね。

決めるために徹底的なディスカッションを行う。そのうえで決める材料がそろったら迷わない。リーダーの一番大切な役割は「責任を負って決断すること」なのだと思っています。責任を取ることを迷わずに果たしてくれるからこそ、部下や仲間はリーダーについていくのです。

これはスポーツの現場に限った話ではありません。ぶれない決断は、日々の判断が会社の未来に直結する企業の経営者や、そこで働く各部門のリーダーたちも同じでしょう。

コンディショニングコーチとして私の意見がすべて通るわけではもちろんありませんでしたが、その際にもボビーの「俺がこう決めた」のひと言があるため、私は全力で監督の下で働くことができました。

そうして徐々に信頼してもらえるようになっていったことがいまの自分の自信につながっています。

あなたはリーダーとして決断していますか？　迷わずに勇気を持って決断できていますか？

3章

最短・最速で体を変えたかったら「尻」から鍛えろ

これまで筋トレの効用、そして筋トレを通してテストステロンを高めようという作戦の意図を説明してきました。

よし、そこまで言うなら弘田のことを信じて始めてみるか！　と現在はテストステロンの分泌を含んだ「意欲の高い状態」になってくれていることを信じています。

この章ではさらに詳しく、筋トレを始めるにあたってお尻を徹底的に鍛えることのメリットについてお伝えしていきます。

お尻を鍛えることが、なぜ腕や胸、お腹など全身をビルドアップするうえでも効果的なのか。また、筋力アップだけでなく、なぜ決断力・リーダーシップをも高めることにつながるのか。理解し納得していただくことで、自分で自分の「尻をたたく」ようにトレーニングができるはずです。

1 テストステロンを高めるならお尻、のワケ

お尻のトレーニングを行うことで、大殿筋、中殿筋、ハムストリングス、脊柱起立筋など……人体最大の筋肉量を持つ大殿筋を筆頭に、体の中で60％以上を占める筋群を強化することができます。

大筋群といわれる筋肉に負荷をかける筋肥大トレーニングによって、運動中も運動後もテストステロンの分泌がもっとも高まることは多くの研究でわかっています。

最小の努力で最大限の効果を出すために、大きな筋肉が集まっているお尻を中心とした筋トレから始めるべきなんです。

だから「まず腕立て伏せと腹筋だ！」はもったいないし無駄が多いわけです。

大胸筋は全体からすると約9％の筋肉量しかありません。腹直筋に関しては2％です。

とりあえず……といった感じで始めやすいアームカールも腕の筋肉。小さい筋肉ばかりを一生懸命鍛えるのはやめましょう。

一つの種目で大きな筋肉、たくさんの筋肉を動員するお尻のトレーニングこそ、まず着手すべきです。

お尻から鍛えることをせずに、最初から胸筋や腹筋を鍛えてしまうと、努力量に比べて効果が出づらいこともわかっているのですが、その理由については、これから詳しく説明していきますね。

▼全身の筋肉の土台のような働きをしている

もちろんお尻さえ鍛えていれば、ほかの部位をいっさい鍛えなくていい！　という乱暴な話をしているわけではありません。

トレーニングには大事な基本原則がいくつか存在し、その中の一つに「全面性の原則」と呼ばれるものがあります。トレーニングをする場合、まんべんなく全身を鍛えないと、他の弱い部分に強いところも影響を受けちゃうよ、というものです。

トレーニングの中級者、上級者になっていくには、やはり全身をバランスよく鍛えなくちゃいけないんです。

それなのに、なぜお尻の強化ばかりを強調するのか。それは**お尻まわりの筋肉はすべての**

筋群の土台のような役割を果たしているからです。

ちょっと難しい話になりますが、できるだけ簡単に説明しますので、頑張ってついてきてください！

お尻まわりを鍛えることを語るには、「骨盤」について理解していくことが必要不可欠になります。

▼骨盤の「ちょうどいい傾き」がハイパフォーマンスを生む

人体で歪《ゆが》みが出たり、バランスが崩れたりしやすいところはたくさんありますが、もしも1カ所しかチェックできないとなったら、90％の施術家が骨盤まわりを確認するはずです。

下肢《かし》と体幹を連結し、体幹を支えるのが骨盤。学生時代、理科室でよく見た人体模型図をイメージしてみてください。

どう考えても背骨（腰椎《ようつい》）と骨盤の連結部って、脆弱《ぜいじゃく》な感じがしませんか？

もともと四足歩行だった我々の遠い祖先たち。進化の過程で視野を広げたり、腕をより大きく動かす必要が出てきたことで、二足歩行へと移行したわけですが、骨盤周辺だけは

人の骨格（男性）

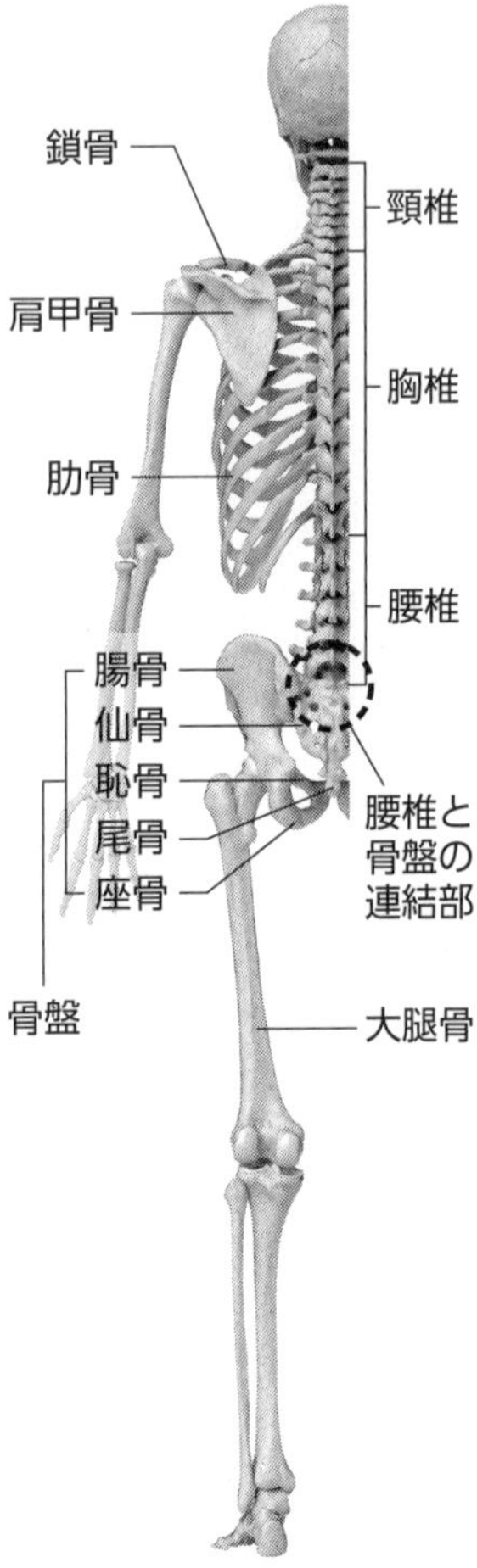

進化の過程でアップデートされなかったのかもしれません。

この部位のちょっとしたバランスが崩れると、脊椎すべり症や脊椎分離症と呼ばれる深刻な腰痛に苦しむことになってしまいます。

こうならないために、とても大事な役割を担うのが、骨盤まわりについている筋肉たち。特に大殿筋は弱すぎても骨盤前傾を誘発してしまうし、カチカチすぎても骨盤の後傾を助長してしまうカギとなる筋肉。

骨盤が前傾しすぎていると、股関節は上体のやや前のほうに位置するようになります（これを股関節屈曲位《くっきょくい》と言います）。太ももの位置が上体よりも前にある状態なので、これをカバーするために当然、膝も軽く曲げられた位置（膝関節屈曲位《くっきょくい》）でバランスを取ろうとします。

年配の方で、この姿勢が長く続くと変形性膝関節症になる可能性がグンと高まります。まだそこまでの年齢でないとしても、膝の負担は大きく、膝痛に悩む人は多くなるのです。

骨盤が後傾している場合は、一般的には猫背と言われるスウェイバック（26ページ）の姿勢になりやすいです。この姿勢になると腹筋は弱くなり、背中側は鍛えづらくなるので、必然的に腰痛を発症しやすくなります。

どちらにしても体にいいことはありません。骨盤の傾きが中間位にあることが求められるわけです。それでは中間位とは、どれぐらいの傾きを指すのでしょうか。

骨盤の理想的な傾斜というのは、基準とされる骨盤前方の左右の出っ張りであるＡＳＩＳ（上前腸骨棘《じょうぜんちょうこつきょく》）と、骨盤後方にあるＡＳＩＳより左右やや狭めの幅で隆起したＰＳＩＳ（上後腸骨棘《じょうこうちょうこつきょく》）の角度で示されており、およそ11〜13度と言われています。このぐらいが骨盤にとって「ちょうどいい傾き」なわけです。

自分の骨盤の傾きが気になる方もいるでしょう。ちょっと難しいですが、パートナーがいれば確認できるチェック法を紹介します。

まず腰の横の一番隆起《りゅうき》したところを指で押さえます。そこがＡＳＩＳ（上前腸骨棘）です。今度は反対側の指でＰＳＩＳ（上後腸骨棘）を見つけ指で押さえましょう。背中側で骨盤が一番隆起した部分です。このＡＳＩＳとＰＳＩＳの高さを確認していきます。

骨盤の位置関係でみると、ＡＳＩＳはＰＳＩＳよりも低くなっています。骨盤がニュートラルな位置にある場合、日本人の体形でいうと指の幅およそ2・5～3本分が平均的な角度です。

かりにＡＳＩＳとＰＳＩＳの位置の間隔が指の幅1本分程度しかなかった場合は、骨盤が後傾している状態であると判断できます。逆に、両者の関係が4、5本分程度離れている場合は、強い骨盤前傾があると考えていいでしょう。

お尻を鍛えることによって、**大殿筋やハムストリングス、背中にかかっている脊柱起立筋群など、骨盤の傾きをバランスよく整えて安定させる筋肉たちが効果的に働いてくれるよう**になります。結果的に、骨盤を中間位で安定させる役割も担っているのです。

理想的な骨盤の前傾角度（中間位）

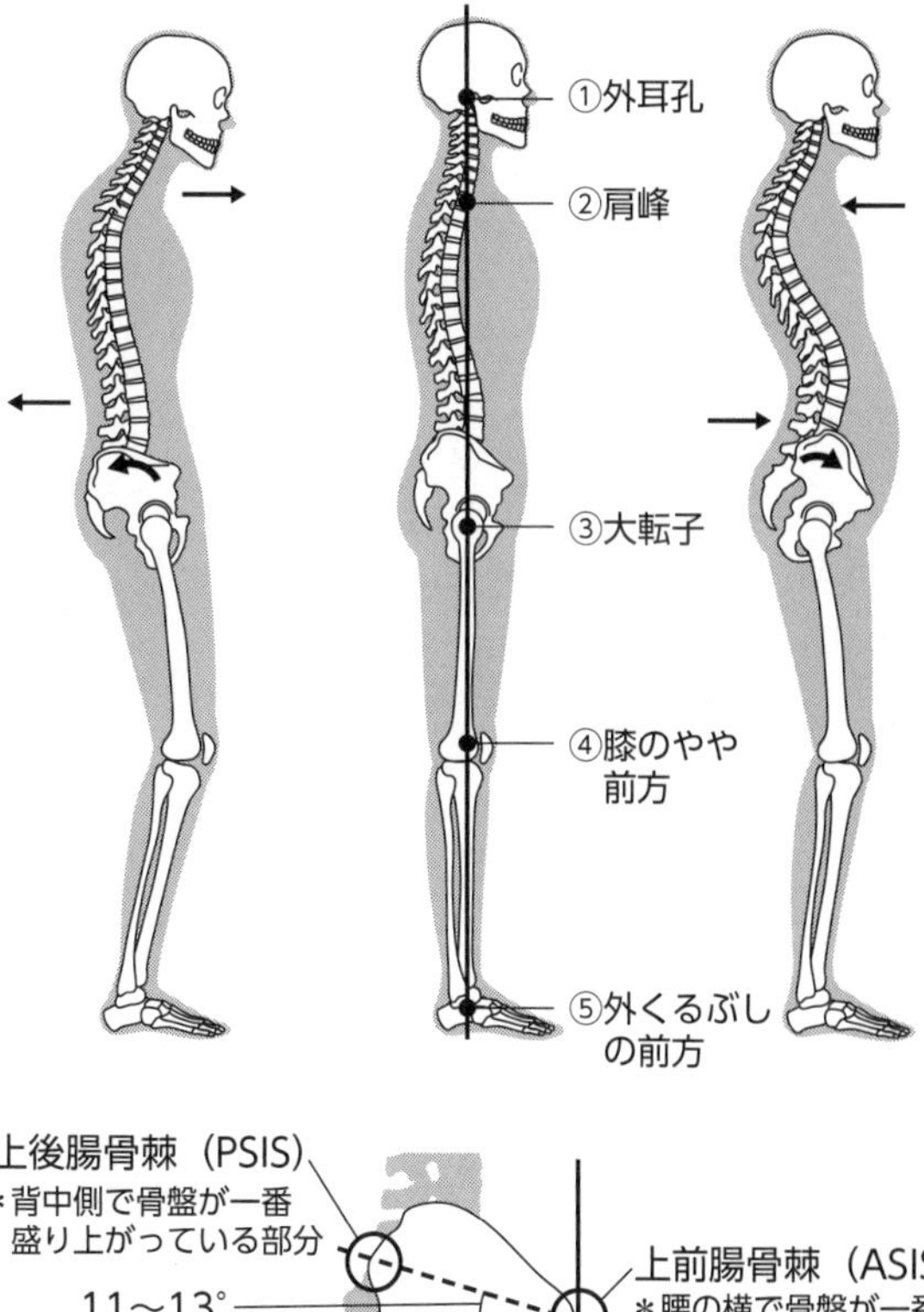
後傾
（スウェイバック）
中間位
前傾

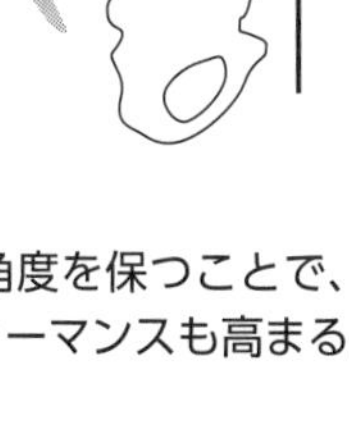
＊指の幅 2.5〜3 本分
が理想
＊腰の横で骨盤が一番
盛り上がっている部分

適切な骨盤の前傾角度を保つことで、筋肉がバランスよくつき、体のパフォーマンスも高まる。

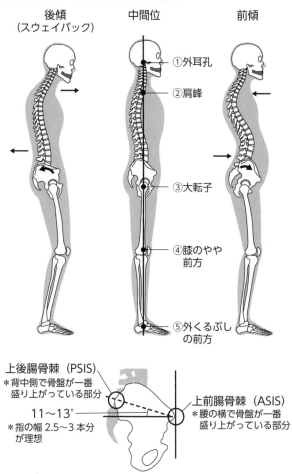

▼全身の筋トレの効果も断然よくなる

骨盤の傾きが安定した位置にあることで、運動をする動作に応じて、骨盤はなめらかに前傾～中間位～後傾ができるようになります。

前述した背骨の下の部分である腰椎、骨盤、そして股関節は横から見たラインで「腰椎骨盤リズム」という連携を持っています。

立《りつ》位《い》体《たい》前《ぜん》屈《くつ》のような前屈動作では、

「背骨の下が曲がる（腰椎屈曲）」→「骨盤の前傾」→「股関節の屈曲」

が連鎖的に起こります。

逆に前屈から元の状態に戻す動作では、

「股関節の伸展」→「骨盤の後傾」→「腰が起きる（腰椎伸展）」

前屈動作の自然な流れ「腰椎骨盤リズム」

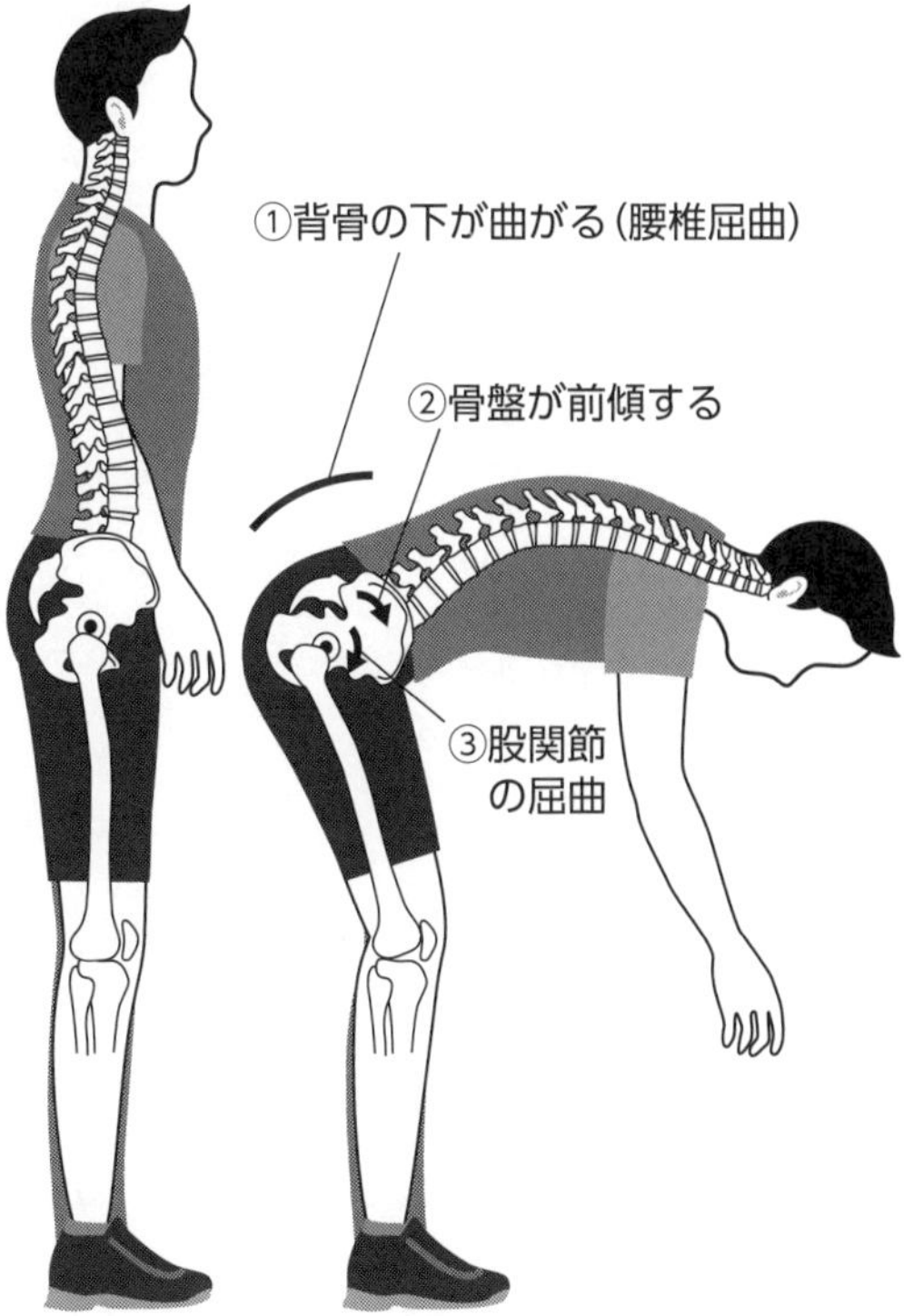

前屈動作で言えば、「腰椎の屈曲」→「骨盤の前傾」→「股関節の屈曲」の順でスムーズに連動できれば、全身を効率よく動かせる基礎ができる。

この順番でスムーズに連動するのが、とっても重要。シンプルながら、この連動が取れることで全身を効率よく動かせる基礎ができあがるのです。

いままでは膝が痛いだけだった階段上りが、腰椎骨盤リズムを獲得することで、お尻を効かせながら一気に上がることができるようになります。

しっかりと腹圧を高めやすくなるので、**わざわざ腹筋動作をしなくても、お腹に力を入れやすくなり、必要なタイミングで腹筋が活動してくれるようになって、お腹が引き締まってきます。**

背中に頼らず、腹筋群と背筋群をバランスよく使えるようになってくるため、**胸を鍛える種目を行うと、いままでの何倍ものスピードで胸板が厚くなってきます。**いいこと尽くしです。

2

お尻を鍛えれば〝信頼される人〟になる

２００７年に日本は65歳以上の人口が21％を超える超高齢社会に突入。２０２５年には高齢化率が30％、そして２０５０年には40％に達すると推測されています。

「人生１００年時代」などと言われていますが、寿命が延びるぶん、体の機能のピークも延びる……というわけではありませんよね。

筋肉の量やピークは20～30歳。30代以降は平均で年１％程度は低下していきます。50代以降には減少率はさらに大きくなり、年に約２％ずつ低下していくと言われています。

ある程度、規則正しい生活をしていても、いままでと同じ生活では確実に筋肉は減少していきます。その事実がはっきりわかるのが「加齢と姿勢変化」です。

▼姿勢がよくなり、見た目からデキる人に

ギリシャ神話のスフィンクス。「朝は4本足、昼は2本足、夜は3本足になるものは何か？」という謎かけで知られています。

ご存じかもしれませんが、答えは人です。赤ちゃんのときにはまだハイハイをしていて、大人になると2足歩行。年齢を重ねてくると杖をついて歩く人が増えるからです。令和となった現代でも杖を使って歩く高齢者をよく見かけますよね。

大きな理由の一つは、加齢とともに姿勢を支えている骨と筋肉が衰えて、正しいバランスが崩れてしまうことです。

40代、50代と年齢を重ねるにつれて、理想的な姿勢からは離れ、背中は丸まり、お尻の位置は下がってきます。それにともない首は前に出てきて、あごが少し突き出てきたような姿勢へ……。

筋肉の衰えによる部分が大きいのですが、もっとも関係しているのが地球の重力に対して姿勢を保つために必要な「抗重力筋《こうじゅうりょくきん》」と呼ばれる筋肉たちの減少です。何はなくとも、まずはこの抗重力筋を維持し、鍛えることが、いい姿勢を維持するための必須条件というわけです。この**抗重力筋の代表選手こそが、大殿筋やハムストリングスといった股関節まわ**

りの筋肉たちなんですね。

お尻の筋肉から強化することにより、20代、30代のスポーツマン同様、ピンと背筋が伸びた堂々とした姿勢を維持することができます。そして姿勢がよくなると心身の健康も高まっていきます。

まず身体的なメリットとして、前項で紹介した「腰椎骨盤リズム」を獲得できることにより、歩行動作が効率的となり歩くスピードが速くなります。もっとも多い日常動作である歩行や、通勤の際に必ず行うであろう階段の上り下りも「効果的な筋トレの一部」になっていくわけです。

・いままでよりもラクに速く歩くことができる
・階段の上り下りのリズムがよくなり、ほどよくお尻の筋肉に効かせることができる
↓
・いままでよりも動くことが億劫にならず、積極的に体を動かせるようになる
・テストステロンを中心とした「意欲ホルモン」が分泌される

こんな好循環に入っていくのです。

キビキビとした動作で、アクティブに動ける。意欲ホルモンの働きでエネルギッシュに職務にあたる。こんな様子のあなたは、まわりから「いつまでも若々しくて頼もしいなぁ」といった印象を持たれるはずです。

お尻を鍛えることから始めれば、承認欲求の充足感がテストステロン分泌アップと合わさって、自信・決断力・リーダーシップが高まっていくわけです。

女性にとっても、ヒップアップ効果で均整の取れた体、代謝のいい体も手に入れられるため、一石何鳥にもなります。

まもなくアラフィフとなる私自身も、お尻を中心としたトレーニングを続けることで30代の頃と遜色のない動きを維持することができています。選手と一緒にランニングをしたり、トレーニングのデモンストレーションを行ったりする際に、「……弘田さん、本当に40代半ばですか？　若いっす！」と感心してもらえる機会が本当に多いです。

変に若作りを意識し、意地を張って若い頃と同じように動けることをアピールする中年は、若い世代から見ると痛々しいもの。

そうではなく、自然体で普段通りの立ち居振る舞いが若々しくスムーズなものであること。これこそが、部下や若い世代からの信頼や評価につながっていくのだと思います。

▼Doing more with less（最小の努力で最大の効果を）

極端な自己流のトレーニングさえしなければ、運動は万能な薬のようなもの。どの部位を鍛えようと、ジョギングのような有酸素運動だけをやっても、ストレス発散としては効果的です。

しかし、せっかくトレーニングをやっていくのであれば、もっとも効果的で結果をショートカットで得られる方法で行いたいもの。

一年の約半分をハワイで過ごす実業家の本田直之さんは著書『レバレッジ・シンキング』の中でDoing more with less（最小の努力で最大の効果を）と説いています。有限である時間、可能な限り効率よくレバレッジを利かせて成果を出していくべきです。

最初は徹底的にお尻を鍛える。抗重力筋の王様と言われる大殿筋を中心に強化することで、姿勢もよくなり動作も若々しく、キビキビとなる。

もっともテストステロン分泌を高めてくれる大きな筋肉を鍛えることで、意欲も高まり肌ツヤもよくなる。

部下や若い世代からの称賛を受け、信頼を感じることで、承認欲求が満たされ、より前向きにチャレンジングに日々を過ごせるようになる。……このやり方こそ、筋肉やメンタル、仕事、人生といった充実の好循環を生み出すベストな方法になるはずです。

コラム 効率よく筋力がつく食事と食べ方

私の専門はトレーニングやコンディショニングですが、スポーツ現場やセミナーなどでよく受ける質問に、「効率よく筋力がつく食事や食べ方を教えてください」というものがあります。

長らく管理栄養士やスポーツ栄養士と同じ現場で働いている経験から、端的に3つのことを伝えることが多いです。

ポイントは筋トレ後のたんぱく質合成感度の上昇です。

1. 良質なたんぱく質をとる
2. 1回のたんぱく質摂取量が20〜40gになるようにとる
3. 摂取タイミングは3時間ごと

もし、あなたが現状の筋肉量を維持するだけなら、適度な運動と食事だけで十分。しかし、テストステロンを高めて筋肥大アプローチをしていくには効果が薄いですよね。その場合、筋トレ後に筋肉のもとになるたんぱく質を摂取することが重要になります。

「筋トレをする→筋たんぱく質の合成感度が高まる→たんぱく質を摂取する→筋たんぱく質の合成促進→筋肥大する」

この一連のサイクルを回し続けることが必要です。

そこで重要になってくるのが、筋たんぱく質の合成を促進させる良質なたんぱく質。9種類すべての必須アミノ酸がバランスよく含まれていることです。

具体的には、鶏肉、豚肉、卵、牛乳、大豆など。この5つは必須アミノ酸の含有率を数値化し、たんぱく質の「質」を表した「アミノ酸スコア」と呼ばれる指標で満点の100を示しています。基本はこの5つを中心にとるようにしましょう。

栄養に関する本ではないので詳細は割愛しますが、1回の食事で求められるたんぱく質の摂取量というのは、ある程度わかっています。20代の若者は「体重1kgあたり平均で0・24g」で計算されるので、例えば体重70kgの場合、16・8gです。

おもな食品のアミノ酸スコア

鶏肉	100	あじ	100	牛乳	100	じゃがいも	73
豚肉	100	いわし	100	大豆	100	精白米	61
鶏卵	100	さけ	100	プロセスチーズ	91	パン	44
		まぐろ	100			とうもろこし	31

しかし加齢にともなって筋たんぱく質の合成能力が低下すること（「合成抵抗性」と言います）を考慮する必要があります。ざっくりですが、30～60代では20代の若者の摂取量に5～10gほどプラスして計算する必要があると考えられていますので、結果的に1回の食事におけるたんぱく質摂取量は20～40gは欲しいのです。

筋たんぱく質の合成感度は24時間ほど継続することもわかっています。2017年に49の研究報告をもとにした大規模な調査により、筋トレ効果を高める24時間の最適なたんぱく質摂取量の係数が発表されました。それが「24時間で体重1kgあたり平均値1・62g（最小値1・03～最大値2・20）」です。

先ほどと同じ20代で体重70kgの若者の場合、24時間で平均値は113・4g、最大値で言えば154・0g。……1回の推奨摂取たんぱく質は16・8gでしたから、3回の食事ではとても追いつかないですよね？

睡眠時間を6時間ほど差し引いて、18時間という起床時間の間にこれだけのたんぱく質を過不足なくとっていくには、最低でも3時間おきに、たんぱく質を摂取する必要があります。

前述の例で言えば、16・8g（1回たんぱく質摂取量）×6（摂取回数）＝100・8gとなります。ようやくギリギリ必要量に近づく、といったところです。

このケースでも30代以降は合成抵抗性があるため、より多くのたんぱく質をとる必要があるのは同じ。間食としてプロテインバーやヨーグルト、ゆで卵などを賢く利用していくのがおススメです。約113gのたんぱく質摂取になる一日の食事例を挙げてみましょう。

1．朝食として、ご飯と納豆、卵、味噌汁とヨーグルト（約20g）
2．午前10時前後にプロテインバー1本（約15g）
3．お昼に鮭定食や生姜焼き定食（約25g）
4．午後3時前後にゆで卵を1個（約13g）
5．夜ご飯としておかずを中心として肉or魚料理（約20g）
6．プロテインドリンクを就寝前に1杯（約20g）

バランスのよい朝昼晩の3食に加えて、上手に間食をする。イメージが湧いたでしょうか。

一流アスリートとの㊙エピソード3

渡辺俊介投手

2002年秋。私は研修生として千葉ロッテの秋季キャンプに参加しました。当時は26歳、アメリカ帰りの若造でした。

そんな私にさりげない口調で、「俺は独特な投げ方なんだけど、どんなところに気をつけてトレーニングしたらいいと思う?」と、アプローチをしてきた選手がいました。当時まだ通算2勝、2年目を終えるところのアンダースロー、渡辺俊介投手でした。

試行錯誤を繰り返していた渡辺投手は、「クセなく右足1本で真っすぐに立つ」という基本的な動きができていませんでした。具体的な方策を提案すると、すぐに「うん、すごくイメージできた。俺のトレーニング任せたいから、全部プログラム作ってくれる?」と、すぐに反応してきました。

当時はまだプロ野球選手を指導したキャリアがまったくなかった私が作った種目を、一つひとつ忠実にこなしてくれたのです。一軍と二軍を行き来するエスカレーター選手として試行錯誤していた彼と、ようやくコンディショニングの世界で飯を食っていけるようになったばかりの私。未熟なりに頭をフル回転させて少しでも彼のパフォーマンスの力になれるように、ただただ一生懸命でした。

同い年の俊介も私のことを信頼してくれて、自分の感覚や感想を率直に伝えてくれたものです。結果的に3シーズン目を迎えた翌年、彼は9勝をマーク。その後、日本を代表する「サブマリン」へと飛躍したのでした。

キャリアを支えてくれる戦友

振り返ると、私が単年契約を重ねてアスリートスポーツの世界で20年目を迎えられるのは、俊介を通しての経験が大きいと言えます。とかく知識の比重が高く、頭でっかちだった私に、感覚や共感性の大切さを教えてくれたのが彼でした。

プロ野球の世界は、ひとたび活躍すると、極端に言うと180度生活が変わります。本人にその気がなくても、マスコミやファン、そしてチームメイトや知人ですら微妙に接し方が変わっていく。その積み重ねで、少しずつ本人の性格や言動が変化していくというのはよくあることですが、俊介にはそういった部分がまったくありません。幼い頃から4番でエースでいつも主役、といった野球のキャリアを積んでこなかったことと、ご両親の厳しい躾《しつけ》があり、「人として」という核となる社会性を身につけているからでしょう。我関せずのような表情をしながらも、どこへ行っても彼は、なんとなく人を観察して、その中で自分に必要なものを「さりげなく」吸収。人あたりよく穏やかな人間ではありますが、結構計算高いところもある愛すべき男です。

私が千葉ロッテを退団したあとも親交は続き、２０１４年には彼のキャリア終盤のメジャーリーグ挑戦の際、「悔いなく戦うために、雄士に一緒にアメリカに来てもらいたい」と声をかけてくれました。

ほかでもない俊介からの一生に一度クラスの依頼。お互いまだ小学生だった幼い子どもたちを妻に預けて、当時の定職を整理して彼と一緒に渡米。その思い出だけで一冊の本が書けるような濃密な時間を共にすることができました。

残念ながらメジャーリーグで野球をする夢は叶いませんでしたが、渡米して4カ月間の共同生活をしながら、プロとして、ときに友人として過ごした時間は、私にとっても宝物。大事な戦友として、今後の活躍を全力で応援したいと思っています。

4章

1日5分！「尻」から強い自分を作る筋トレ〈基本編〉

いよいよ実際に行う筋トレを紹介していきましょう。

最初ほど張りきって、高強度のものを1時間近くやってしまう人が多いのですが、そんなやり方は続きません。最小の努力で最大の効果を出すために、戦略的にトレーニングを実施していきましょう。

そのためにまずあなたが行うべきエクササイズが「デッドリフト」です。

1 「デッドリフト」をマスターしよう

いままで筋トレにトライしてきたけれど、長く続けてこられなかったあなた。「えっ……お尻を鍛えようって散々言ってきて、スクワットをしないの？」と思ったのではないでしょうか。

確かにスクワットは「King of exercise」と呼ばれる筋トレの王様。きちんと実施すれば、お尻にも、太ももの前側・裏側にも効く万能エクササイズです。

しかし、効率よく、そして成功確率を高めた筋トレを継続したいのであれば、忙しい現代人こそ、スクワットではなくデッドリフトを行うべきです。

●理由1——スクワットよりお尻を鍛えるのに向いている

デッドリフトはスクワットほど知名度を獲得していないものの、ベンチプレス・スクワットとともに3大トレーニングの1つです。

実はデッドリフトとスクワットを比較した生体力学の研究結果で、**デッドリフトはスクワットよりも、大殿筋やハムストリングスの筋活動を高める**ことがわかっています。

私たちは戦略的にテストステロンの分泌を高めるために、大筋群である大殿筋やハムストリングスの筋肥大を狙いたいわけですから、デッドリフトが最適なトレーニング種目になるわけです。

●理由2――スクワットより難易度が低い

もう1つ大きな理由として、デッドリフトはスクワットに比べて簡単であることも挙げられます。フィットネスジムで専門のトレーナーに指導を受けなくても、基本をきっちり押さえれば自分でコツを習得することができます。

トレーニング継続の壁になる要素の一つが「トレーニングをするまでの障壁が多いこと」です。さぁ、トレーニングをしようと考えて、トレーニングウェアやシューズを準備して、車や自転車に乗り、契約しているスポーツジムへ……。雨でも降っていれば「また明日にしよう」となるのが関の山。

動きとしては非常に奥深く難しいスクワットをやろうとするのは、独学では正直難しいです。最悪のケースになると、一人で一生懸命頑張った結果、膝を痛めてしまうなどケガのリスクもあります。

デッドリフトであれば、順序立ててテクニックを習得していけば、手軽に自宅で始めることができるのです。

●理由3——姿勢作りに大事なバックラインを鍛えられる

正しくデッドリフトができるようになると、前述したように大殿筋やハムストリングスが強化されますが、実は鍛えられるのは下半身だけではありません。

体幹を後ろで支える脊柱起立筋や、背中の代表的な筋肉である広背筋、肩をすぼめるときに使われる僧帽筋なども鍛えられるのです。

お尻の筋肉群を使って背中の筋肉を鍛えると、体の裏面の筋肉たちが協力し合って姿勢をサポートしてくれるようになります。

この裏面のグループがもっとも重要な「抗重力筋」と呼ばれ、いい姿勢作りには欠かせないバックラインというお話はしましたよね。

そして背面で連結して働く連鎖がポステリア・キネティック・チェーン（ＰＫＣ）とい

うのも、1章で紹介しました。ＰＫＣが連動することで、重力に負けない姿勢を保つことができて、結果的に体の前面の胸や腹筋も動きやすくなります。

デッドリフトをするだけで、これらすべての効果を一気に得られます。だからこそ、まず行うべきなのはデッドリフトなんです。

思い立ったら、自宅でサクッとできるにもかかわらず、スクワットほど難易度が高くない。それにもかかわらず得られる効果は驚くほど多いデッドリフト。いよいよ具体的なやり方に入っていきましょう。

＊準備してほしいもの

・20ℓのポリタンク容器×２

１つ８００円ぐらいでホームセンターなどで購入できます。筋トレを始める先行投資として手軽であり、入れる水の量で重量を変えられ、使わないときは非常用に水をためておくこともできます。

トレーニングにあたって準備してほしいもの

20ℓポリタンク

水の量で重さを調整できるので便利。

トレーニング用ゴムバンド

ポリタンクの代わりに、トレーニング用ゴムバンドでも代用可。ループ状になったものが使いやすい。スポーツショップやインターネットで買える。強度の違うものを2～3種類用意しておくと便利。

ダンベル

6～10kgくらいのダンベルを2つ用意するのでもいい。男性であれば8kgくらいが汎用性が高い。

・ループタイプのゴムバンド

ご家庭のスペースの事情などでポリタンクの購入が難しい場合もあるでしょう。そんな方にはループ状のゴムバンドをおススメします。重量にあたる強度を変えるのはポリタンクに比べて難しいですが、場所を取らないのは大きなメリットです。できれば最初から強度の違うバンドを2〜3種類用意してください。

・6〜10kgのダンベルセット

本格的に筋トレをスタートさせたい！　という方は、ぜひダンベルセットを一式購入しましょう。男性であれば8kgぐらいが汎用性の高いおススメの重量です。ほかの2つに比べて高価ですが、やはり使い勝手は一番いいです。

2 「デッドリフト」のポイント

いきなり見よう見まねで始めてしまう前に、しっかりとポイントを学びましょう。写真と一緒に確認をしてもらい、頭の中でイメージトレーニングしてみてください。

まずは足幅を決めます。その場で自然にジャンプ。何度か跳んで自然に開いた足幅が基準になります。

①ポリタンクを持つ手幅は肩幅よりやや広めに。股関節の高さが頭と膝の間にくるようにしゃがんでいきます。このとき大事なのは「**肩を下げて肩甲骨を寄せておく**」こと（**肩甲骨のパッキング**）。これを動作中ずっと維持します。

②しゃがんだ位置から、**お尻を床と平行になるように上**

デッドリフト

ここが鍛えられる!

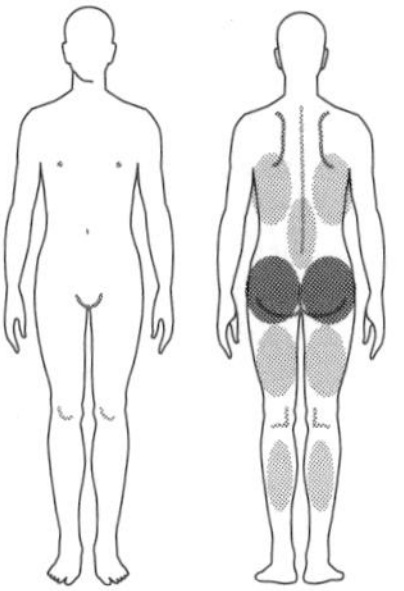

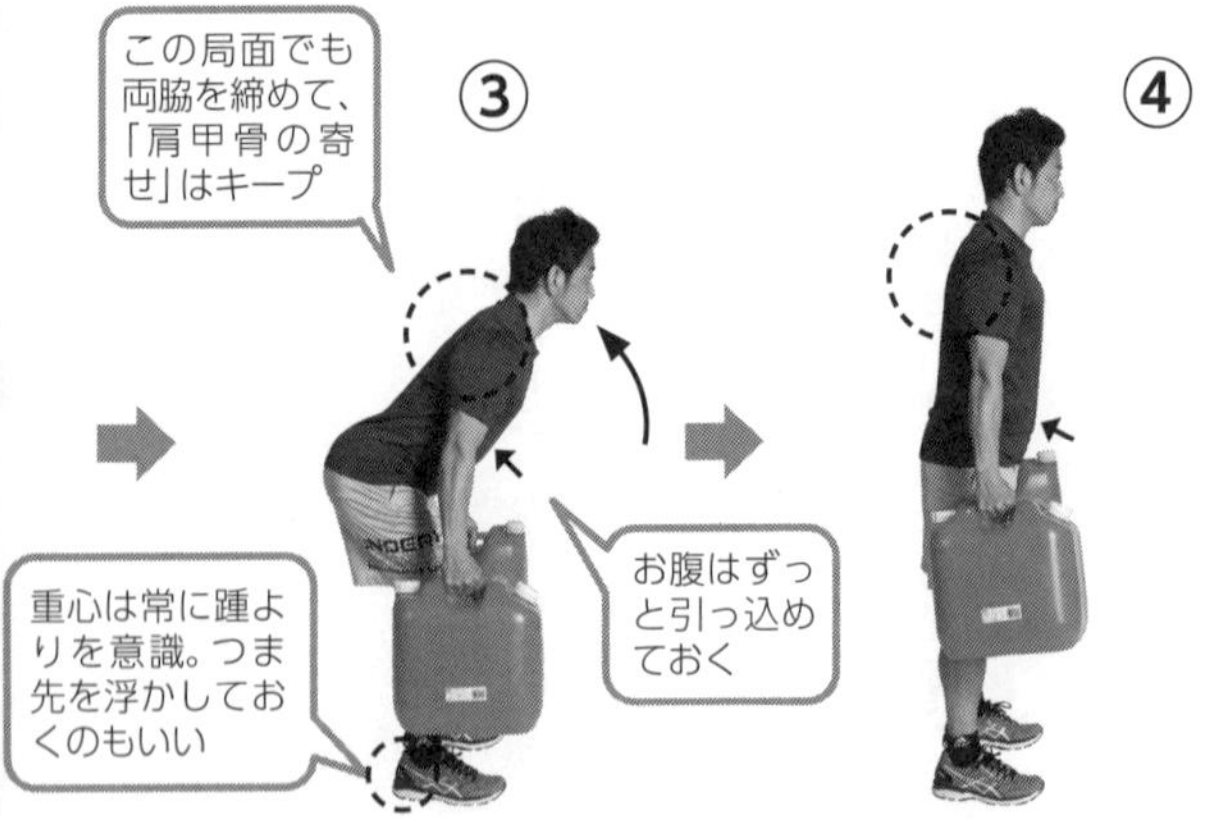
この局面でも両脇を締めて、「肩甲骨の寄せ」はキープ
③
④
お腹はずっと引っ込めておく
重心は常に踵よりを意識。つま先を浮かしておくのもいい

足の裏のど真ん中からやや踵よりで床をグーッと踏んでいく。結果的にお尻は前に移動し、立ち上がる形に。

下げていく局面も、まずお尻を後方に突き出し、両手の高さが膝より下になったら膝を曲げてポリタンクを床に下ろす。
一連の動作を10回3セット。

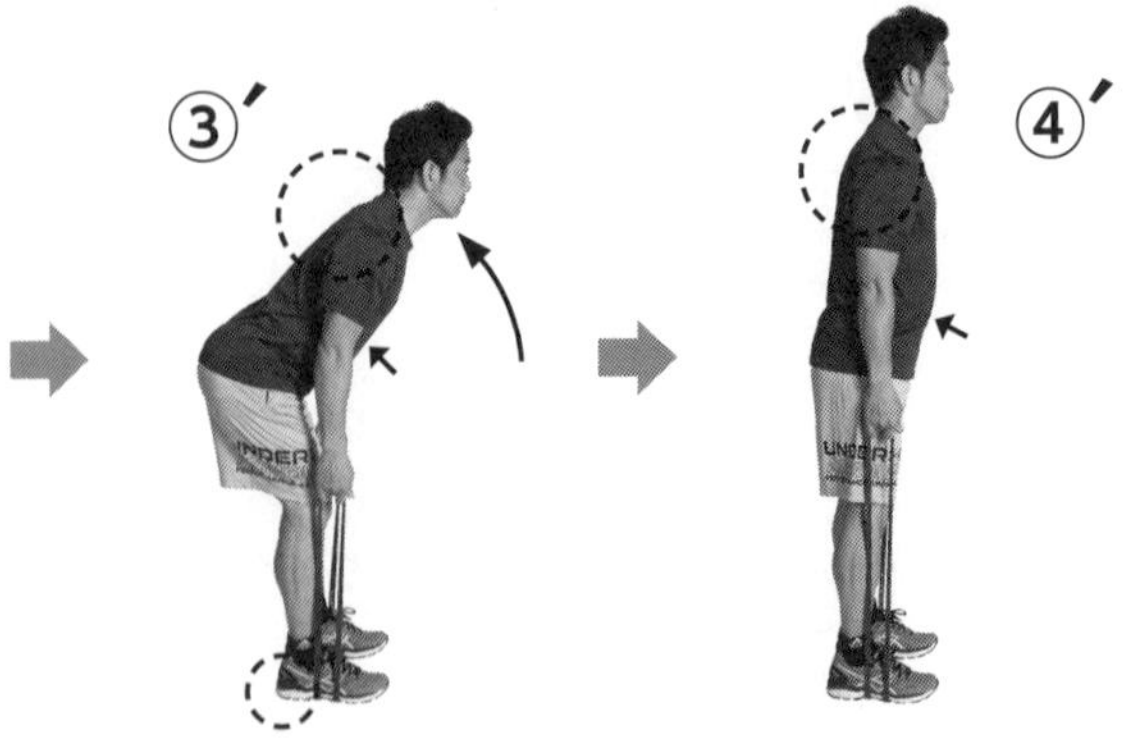
③′
④′

「デッドリフト」のやり方

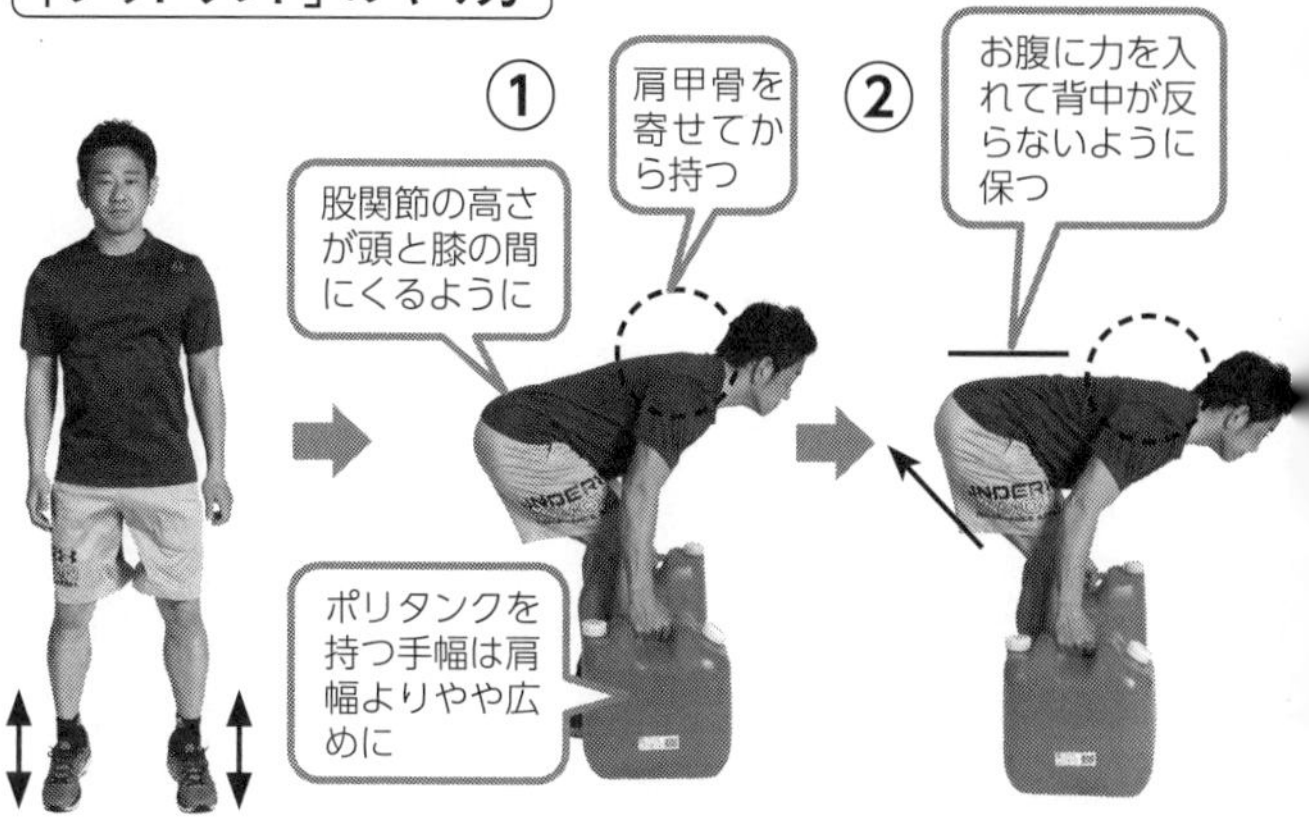
①
肩甲骨を寄せてから持つ
②
お腹に力を入れて背中が反らないように保つ
股関節の高さが頭と膝の間にくるように
ポリタンクを持つ手幅は肩幅よりやや広めに

その場で自然にジャンプする。何度か跳んで自然に開いた足幅を基準にする。

しゃがんだ位置からお尻を床と平行になるように上後方に上げていく。真後ろに立つ人にお尻の穴を見せるようなイメージで。

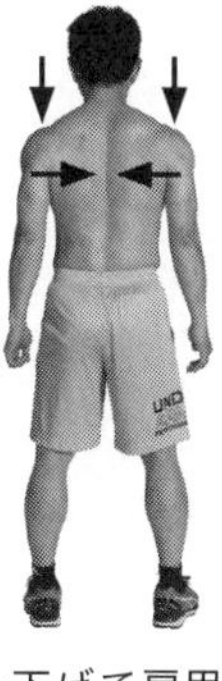

肩を下げて肩甲骨をしっかり寄せる＝肩甲骨のパッキングをしながら行うことがポイント

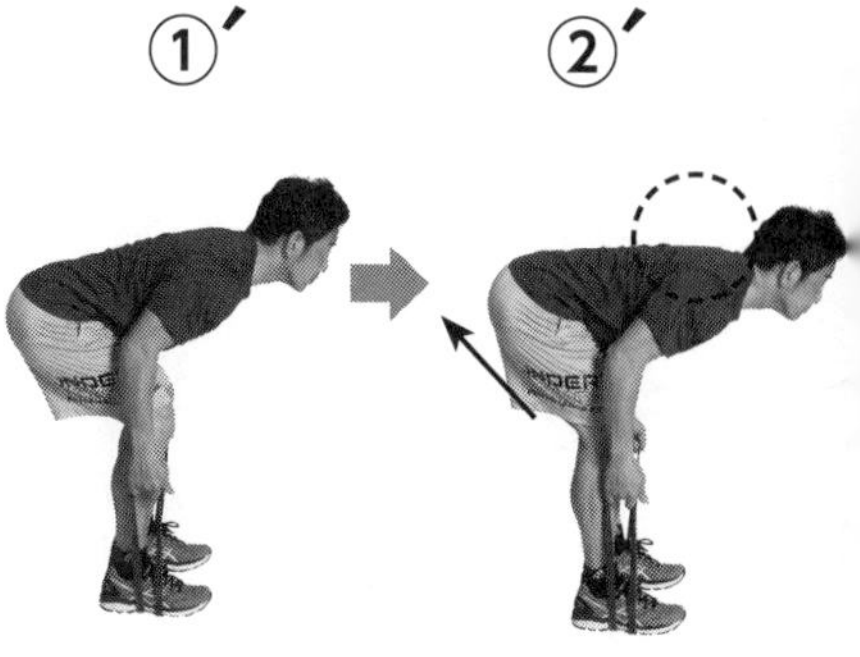
①′
②′

ゴムバンドやダンベルを使った場合でも、やり方は同じ。

後方に上げていきます。真後ろに立つ人にお尻の穴を見せるようなイメージで。このとき**お腹に力を入れて引っ込めておき**、背中が反らないように保ちます。

③**足の裏のど真ん中からやや踵《かかと》よりで床をグーッと踏んでいきます**。結果的にお尻は前に移動し、立ち上がる形に。この局面でも両脇を締めて、**肩甲骨の寄せはキープ**しましょう。

④ポリタンクを下げていく局面も、**まずお尻を後方に突き出していく**。**肩甲骨をしっかり寄せた状態を保ち**、両手の高さが膝より下になったら膝を曲げてポリタンクを床に下ろします。

10回を3セット。セット間の休息時間は1分で調整しましょう。

▼肩甲骨の寄せを保つ＝体幹が固定される

デッドリフト実施の注意点はこれだけ。非常にシンプルです。「**股関節から動かす意識**」と、「**肩を下げて肩甲骨を寄せ（内転・下制《かせい》という動作）**」、「**お腹の力をゆるめないこと**」がポイントとなります。重心がつま先に移りやすいので、一連の動作中、慣れないうちは「**つま先を上げて行う**」といいでしょう。

この中でももっとも重要かつ難しいのが、肩甲骨の内転・下制を保つことでしょう。私

「T字ジャンプ」で肩甲骨のパッキング効果を実感する

手のひらを下

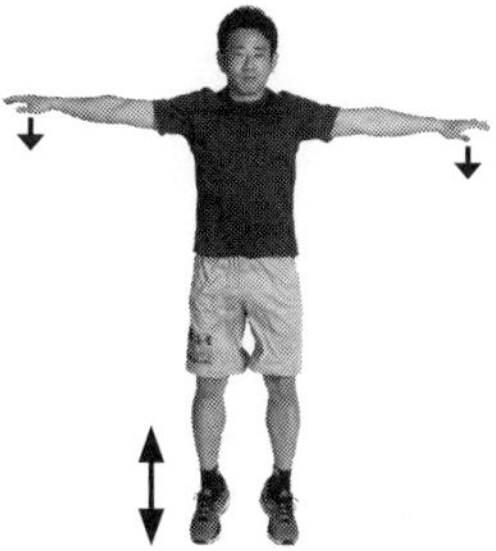

手のひらを下にしてジャンプしたときより……

手のひらを上

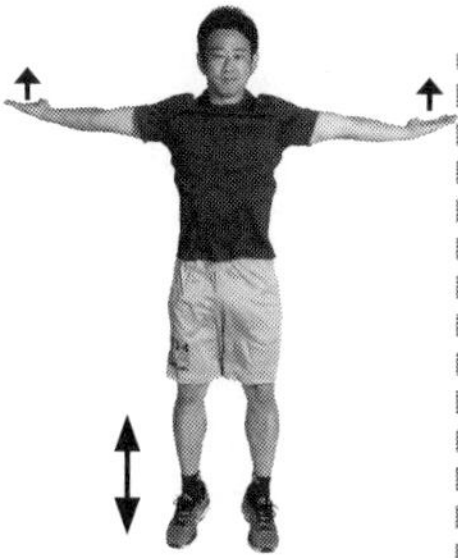

手のひらを上にしてジャンプしたときのほうが、ジャンプしやすくなる。

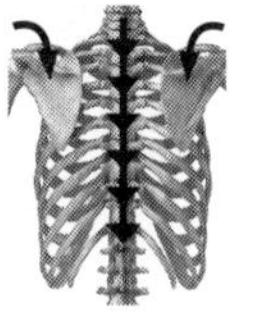

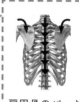

肩甲骨のパッキングによって背骨の連結が強くなり、力が伝わりやすくなる。

は「**肩甲骨のパッキング**」と呼びますが、日常生活であまり意識することがない動き。しかし肩甲骨のこの動きなしでデッドリフトを行うと、十中八九、腰痛となってしまいます。肩甲骨のパッキングは体幹を固定するために絶対に必要な動作だからです。

このことを実感できる動作があります。お笑いコンビ、チョコレートプラネットさんの持ちネタ、TT兄弟よろしく、両腕を真横に伸ばしてみてください。最初は手のひらを下にして、膝をあまり曲げずにピョンピョンと跳んでみましょう。その後、今度は手のひらを真上に向けて同様に跳びます。

……違いを感じませんでしたか？

あとから行った「手のひらを真上に向けて」

「ウォールプッシュエクササイズ」による肩甲骨のパッキング動作

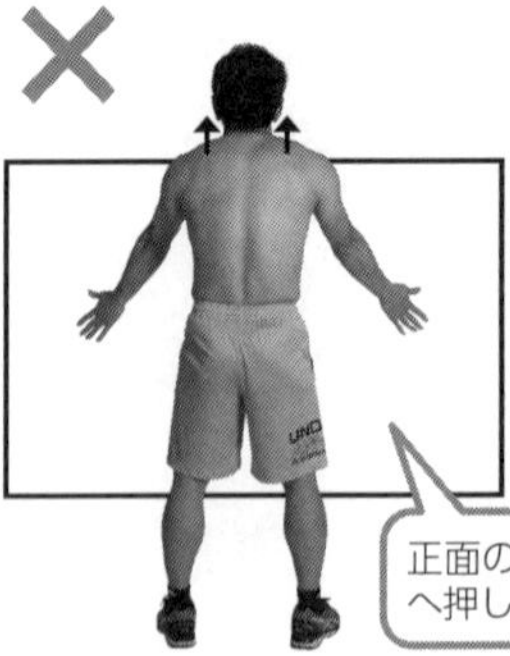

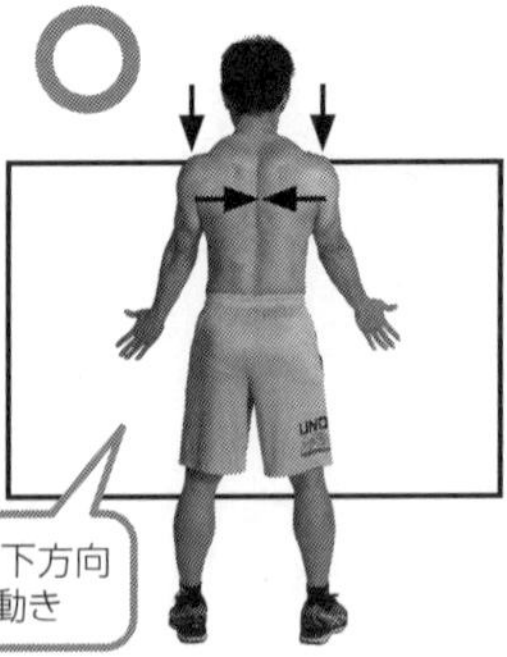

肩が上がって肩甲骨が開いている。

肩を下げて肩甲骨を寄せて（肩甲骨の内転・下制）壁を押すと、力が効果的に伝わり、肩甲骨のパッキング効果を実感できる。

跳んだほうが力が伝わり跳びやすかったはずです。なぜなら手のひらが上を向くことによって、肩甲骨のパッキングが起きたからです。肩甲骨が内転することで背骨の圧は高まります。縦に33個も連なっている背骨の連結が強くなり、地面を蹴り上げる力が強まるのです。

安全に効果的にデッドリフトを行うために、肩甲骨のパッキングはとても重要になります。

イメージがまったく湧かない人は、肩を下げ、肩甲骨を軽く寄せた姿勢を取り、壁を下方向に押し込んでみましょう。ウォールプッシュエクササイズと言われるもので、この動作こそが肩甲骨のパッキング動作です。

▼ゆっくり下ろすことで筋肉が効率的に鍛えられる

デッドリフトの動作中に意識してほしいことは、**ゆっくり下ろすこと**です。下ろす局面で1・2・3と3秒カウント。床にポリタンクを置いたらすぐに1・2と2秒カウントしながら真っすぐに起き上がります。そして、またゆっくり下ろす動作へ。これを10回繰り返すのです。

1回5秒×10回。セット間の休息時間は1分。3セット繰り返しても5分で終了です。

なぜゆっくり下ろすのかというと、筋肉は重力に従って下に落ちようとする負荷にブレーキをかけるときこそ、一番鍛えられるからです。

エキセントリック収縮と呼ばれる、筋肉が力を発揮するしくみを利用するためなんですね。最初のうちは週に2回行えば十分です。

理論とやり方がわかったら、ゆっくりとしたスピードで早速始めてみましょう。下ろしていく局面でハムストリングス（太もも裏）に強烈なストレッチ感があり、挙上《きょじょう》しきって真っすぐに立ったときにグッとお尻が引き締まる感覚が出るようなら、バッチリ効いています！

3

デッドリフトが難しい人向け【初級編】：「ヒップヒンジ&オーバーヘッドリーチ」

デッドリフトをやってはみたものの、「全然できないぞ？　腰ばっかり痛くて……」という方もいるかもしれません。

まったくイメージができない場合、まずは「ヒップヒンジ&オーバーヘッドリーチ」から始めてみましょう。

足幅はデッドリフトと同じ。膝とつま先はやや外側で同じ方向に向けましょう。力を抜いて頭の後ろで手を重ねてから肘を伸ばして両手を上げていきましょう。この位置をゼロポジションと呼び、負担がかからずに肩が上

「ヒップヒンジ&オーバーヘッドリーチ」のゼロポジション

力を抜いて頭の後ろで手を重ねる。

その体勢から肘を伸ばして両手を上げていく。これがゼロポジション。

「ヒップヒンジ&オーバーヘッドリーチ」のやり方

①

できるだけ膝は曲げないようにする

ゼロポジションからお尻を後方に突き出すように、股関節を曲げていく。

②

両手を目いっぱい前へ伸ばす
呼吸は止めずに自然に吐く

「これ以上、前に倒れない！」というところから、上げている両腕を目いっぱい前へ伸ばしていく。3秒かけて下ろし2秒で上げる、というテンポで10回3セット。セット間の休憩時間は1分。

がります。
①ゼロポジションから**お尻を後方に突き出すように股関節を曲げていきます**。自然に上体が前に倒れてくるはず。このとき、できるだけ膝は曲げないようにすること。
②「これ以上、前に倒れない！」というところから、**上げている両腕を目いっぱい前へ伸ばしていきましょう**。このとき、呼吸は止めずに自然に吐くこと。

①②の一連の動作をデッドリフトと同じように3秒かけて下ろし、2秒で上げる、というテンポで10回繰り返し3セット。週に2回行いましょう。

このエクササイズでも鍛えられる部位は「デッドリフト」と同じなので、最初は十分にお尻や太ももの裏、背筋の筋肉痛が出るはずです。最低2週間、合計4回はこのエクササイズで動きを覚えるといいでしょう。

4 デッドリフトが難しい人向け【中級編】：「バーヒンジ」

初級編のヒップヒンジ＆オーバーヘッドリーチに慣れてきたら、いきなりデッドリフトに移行する前に、バーヒンジにも挑戦しましょう。

自宅にあるバットやアイアンクラブ、ほうきなどバー状のものを利用してください。

①真っすぐに立った状態で、**「後頭部」**－**「肩甲骨の真ん中」**－**「お尻のつけ根」**の3点に触れるようにバーを持ちます。
②**3点からバーが離れない**ように、ゆっくりお尻を突き出すように上体を前に倒していきましょう。
③これ以上倒せない！　というところまで太もも裏が引き伸ばされてから、少しだけ膝を曲げていきます。上体が床と平行の角度まで行ければ最高です！

「バーヒンジ」のやり方

①

「後頭部」-「肩甲骨の真ん中」-「お尻のつけ根」の３点に触れるようにバーを持つ。

②

３点からバーが離れないように、ゆっくりとお尻を突き出すように上体を前に倒していく。

③

上体が床と平行の角度まで行くのが理想

「これ以上倒せない！」と太もも裏が引き伸ばされているのを感じてから、少しだけ膝を曲げていく。

３秒で下ろし２秒で上げる、というテンポで10回３セット。セット間の休憩時間は１分。

この種目も、鍛えられる部位は「デッドリフト」と同じです。ヒップヒンジ&オーバーヘッドリーチと同じテンポ、回数、セット数で行います。

2週間、合計4回ほど実施したら改めてデッドリフトに挑戦しましょう。スクワットのように「上下に動く」のではなく、体が「前後に動く」デッドリフトのお尻に効かせるイメージがわかるはずです。

コラム 筋肉を効率よくつける効果的なプロテイン摂取法とは

筋トレ効果を最大限にしたい。そのためのもっとも効果的で簡単な方法があります。それが「筋トレを実施した日の就寝前にカゼインプロテインを飲む」ことです。

4章のコラムでも紹介しましたが、筋トレ後24時間程度は筋たんぱく質の合成感度は高まっています。筋たんぱく質は合成・分解のサイクルを繰り返すため、ちょこちょこ3時間ごとにたんぱく質を補充する必要がありましたよね。

そのサイクルの障壁となるのが睡眠時間です。平均でも6～8時間は必要な睡眠時間。体の回復を促し、筋発達にも大切な成長ホルモンの分泌を促してくれるとはいえ、一定時間たんぱく質補給ができないのがネックなのです。

そこで実施してもらいたいのが、筋トレ実施日の寝る前に、チーズや牛乳のように「凝固するたんぱく質」であるカゼインプロテインを飲むという方法。カゼインプロテインは、スポーツショップやドラッグストアで一般的に流通しているホエイプロテインに比べて、消化・吸収の速度がゆるやかなのが特徴。摂取後、6時間程度は血液中のアミノ酸濃度を高めることができ、たんぱく質合成のための準備ができるのです。カゼインプロテインはネットショップではたくさん流通しています。

「うちにあるのはホエイプロテインだけだから、これでもいいかな……」と寝る前にホエイプロテインをとるのはおススメしません。吸収が早い分、寝ている間にたんぱく質の吸収を優先し、せっかく筋トレ効果で行ってくれている脂肪の燃焼が止まってしまう可能性があるからです。

カゼインプロテインは、ホエイプロテインに比べて水に溶けにくく、ちょっと飲みにくいのが難点ですが、ゆっくり吸収されるため脂肪がつきにくいという、うれしい特性もあります。

牛乳や低脂肪乳に混ぜて飲むのはカロリーが高くなってしまうのでNG。水に溶かして飲みましょう。胃腸の負担も少ないプロテインなので、筋トレ日の寝る前にとる癖をつけてみてください。

一流アスリートとの㊙エピソード4　上原浩治投手

言わずと知れた日米で大活躍をされた超一流投手である上原さん。同じチームで活動したことはないものの、節目でお会いさせていただくご縁のある選手でした。

巨人時代は私の父、弘田澄男が当時巨人軍の外野守備走塁コーチをしていたこともあり、お話をさせていただく機会がありました。２０１０年以降は、私がディレクターを務めるトレーニングジムのオーナーである立花龍司さんと交流があったため、同施設でトレーニングをしてくださることも。２０１４年には、前年にワールドチャンピオンになったボストン・レッドソックスのリーグ優勝決定シリーズＭＶＰを獲得した上原さんに、招待選手として春季キャンプに参加した渡辺俊介投手の帯同トレーナーとして再会できました。

温故知新のアプローチで絶対にブレない

筋肉隆々のメジャーリーガーたちに囲まれていても、上原さんのトレーニングアプローチは徹底していました。ランニングとキャッチボールを最重要として、徹底的に下半身を追い込む。そのアプローチの中で生まれる感覚を大事にする。

走り込みの文化がないアメリカの地で、1時間以上黙々とランニングを繰り返す上原さんの姿はひときわ目立っていました。

「あいつらとは体がもともと違うから、同じことをやってもダメ。地味なことが一番効いてくる」——トレーニング後にお話をさせてもらった際、強い口調でそうおっしゃっていたのが印象的でした。

日本球界に戻ってからの自主トレーニングにも何度かお誘いを受け、参加させていただきました。高重量のものは持たないものの、背中やお尻、ハムストリングスを重点的に鍛える筋力トレーニングを淡々と行い、ランニングやノックを用いて実践的に下半身を作る。都内のグラウンドでも、フロリダの天然芝のうえで行っていた地道なトレーニングをコツコツと積み重ねている姿は、神々《こうごう》しくさえ感じました。

最新と呼ばれるメソッドに飛びつくことなく、自分の信念に沿って愚直に準備をしていく。この姿勢はアスリートだけでなく、我々にとっても必要なのではないでしょうか。

5章

プラス5分！ 1カ月で体の進化を実感できる筋トレ〈中級編〉

とにかく最短距離で効果を出すために、まずはデッドリフトを週に2回スタートさせてください。慣れてきたら、ポリタンクの水の量を増やしたり、トレーニング用ゴムバンドの強度を上げたり、ダンベルを重くするなどして、ちょっとずつ負荷を上げていきましょう。バンドの場合は回数を10回から12回に増やしてもいいですね。

1カ月ほど行い、少しずつ筋トレが習慣化してきたら、「……もうちょっと筋トレしてもいいなぁ……」なんて余裕が出てくるはずです。

そんなあなたのために、時間を5分プラスすることで、さらに効果が期待できる2種目を紹介していきます。

1

ラグビー選手は欠かさない「ヒップスラスト」

まず紹介したいのが「ヒップスラスト」です。ラグビー選手の中ではスクワットの次ぐらいに有名なエクササイズですが、一般にはまだまだ知られていません。

①椅子の高さくらいの30〜40cmの台のフチに、肩甲骨の真ん中を押しつけるように乗せましょう。よりお尻に効かせるコツは「**できるだけガニ股にして、踵をお尻に近づけること**」。少し窮屈な形になりますが、このポジションでお尻を床につけたところからスタートします。

②**上半身から膝までが一直線上になる**ところまでグーッと腰を押し上げていき、**一番上で1秒静止**します。その後、3秒かけてゆっくりと腰を下ろしていきます。

ヒップスラスト

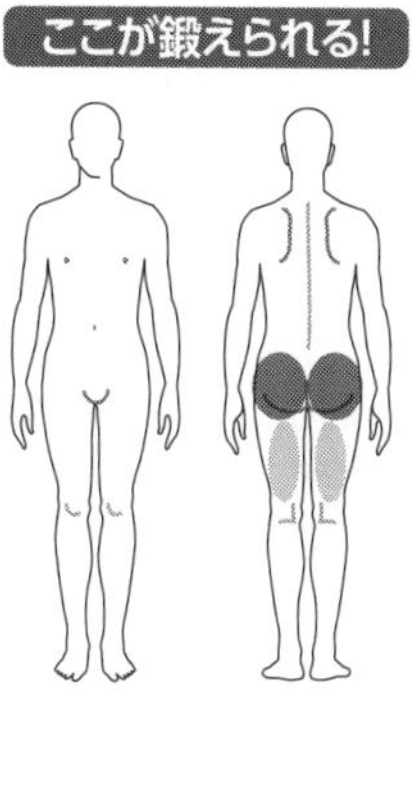

「ヒップスラスト」のやり方

①

30 ～ 40cm の台のフチに、肩甲骨の真ん中を押し付けるように乗せる。ガニ股にして、踵をお尻に近づける。このポジションでお尻を床につけたところからスタート。

②

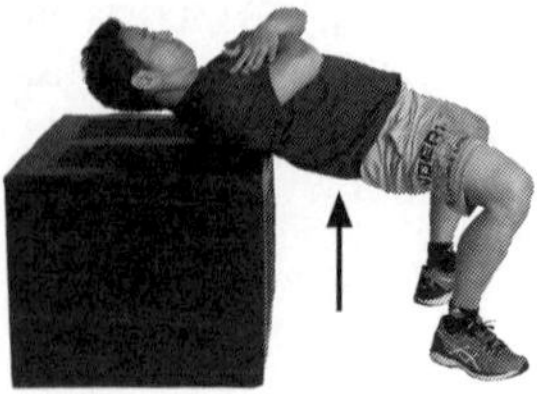

上半身から膝までが一直線上になるところまでグーッと腰を押し上げていき、一番上で1秒静止。その後、3秒かけてゆっくりと腰を下ろしていく。

○

できるだけガニ股で、膝とつま先がずっと同じ方向を向くようにする。

×

膝がつま先より内側に入ってしまうとお尻に効きにくくなる。

上手に効かせられると、お尻のえくぼにあたるくぼみ（大転子《だいてんし》といいます）がつりそうな感覚でキューーッとなるはず！

この動作を10回×2セット、デッドリフトのあとに行っていきましょう。

2 バランス能力も高まる「片足ルーマニアンデッドリフト」

もう一つ紹介したいのが、バランス能力も求められる「片足ルーマニアンデッドリフト」です。

片足立ちとなり、上体は前へ、上げた足は後ろに伸ばしていくエクササイズ。横から見ると「Tの字」になります。太ももの裏であるハムストリングス、大殿筋を中心としたお尻の筋肉がやはり鍛えられます。

負荷となるだけでなくバランスも取りやすくなるため、デッドリフトで用いたポリタンク1個を両手で持ちましょう。ダンベルを2個持ってもOK。ゴムバンドの場合はやり方に少し工夫がいりますので、写真を参考にしてください。

①「**肩甲骨をパッキング**」します。腕には力を入れずに肘は伸ばしてください。

②体がねじれないように、**お腹の力を抜かずに片足立ち**します。

③上体を前に倒しながら、浮かした足を後ろに伸ばしていきます。**後ろにある重い箱を足の裏でグーッと押して体から離すイメージ**です。股関節から動かして、支える足の膝はできるだけ曲げないように頑張りましょう。

支える足の太ももの裏が下のほうからピーン！　と張って強烈なストレッチ感が出ていれば上手にできている証拠。やはり3秒かけて体を倒していき、1秒で片足立ちに戻します。

左右各5回ずつを2セット。ヒップスラストに続けて行いましょう。

片足ルーマニアンデッドリフト

ここが鍛えられる!

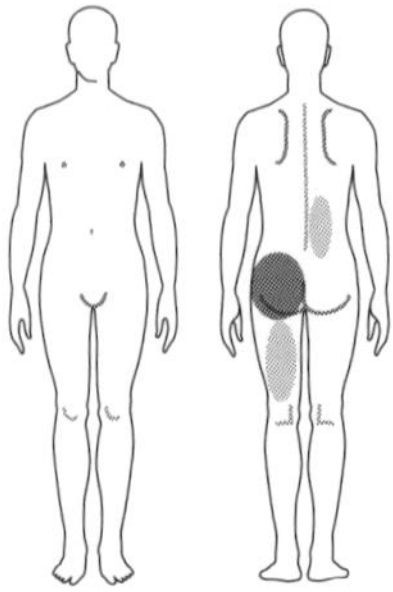

※右足を上げたとき

「片足ルーマニアンデッドリフト」のやり方

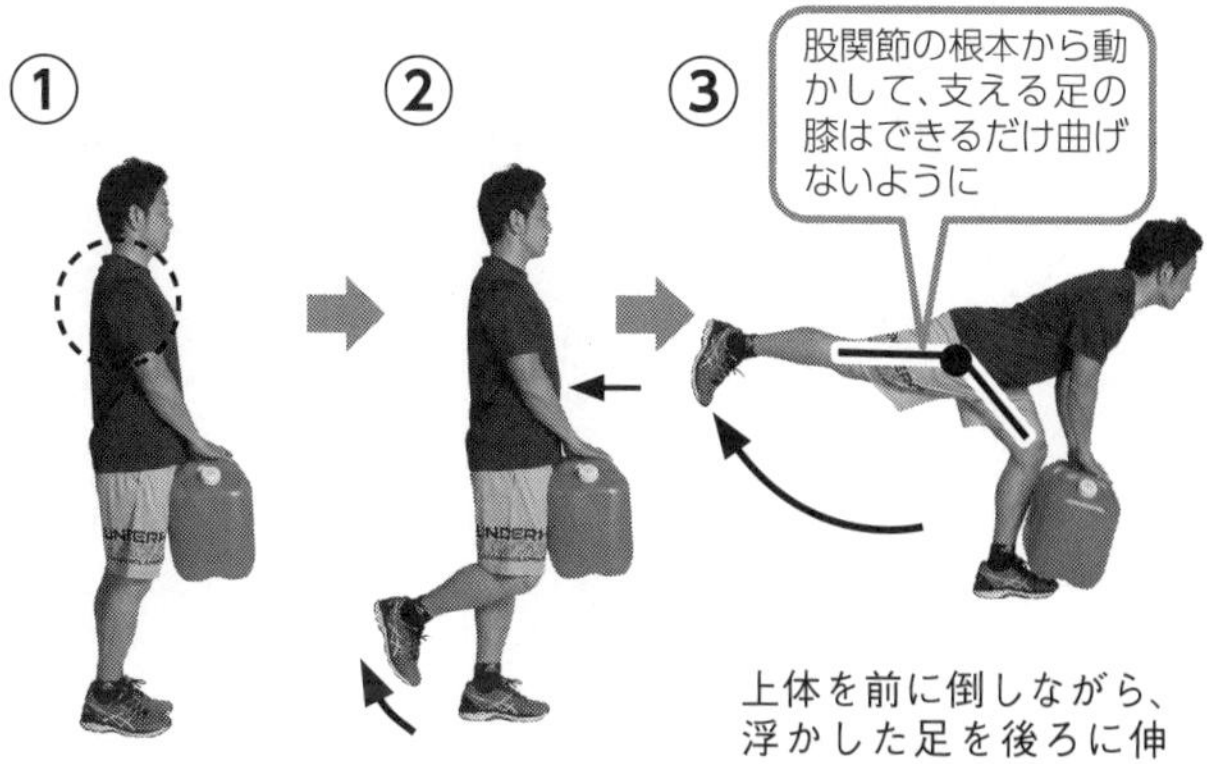
①
②
③
股関節の根本から動かして、支える足の膝はできるだけ曲げないように

① 肩甲骨をパッキングする。腕には力を入れずに肘は伸ばす。

② 体がねじれないようにお腹の力を抜かずに片足立ちする。

③ 上体を前に倒しながら、浮かした足を後ろに伸ばしていく。後ろにある重い箱を足の裏でグーッと押して体から離すイメージ。

②′
③′

ダンベルを使った場合でも、やり方は同じ。

②″
③″

ゴムバンドでは写真のように首と足にかけて行う。

デッドリフト、ヒップスラスト、そして片足ルーマニアンデッドリフト。お尻を効かせるエクササイズを3種目行えるようになれば、あなたも立派な「尻」筋トレメンバーの仲間入りです。

まずは何とか1カ月頑張ってみてください！　お尻を徹底的に鍛えることで、次の変化を実感できるはずです。

・お尻の位置が高くなる
・ズボンの太ももがゆるくなる
・目線が高くなる

これはお尻の筋肉が引き締まって持ち上がることで、お尻や太もものたるみがなくなり、背筋が伸びて姿勢がよくなったためです。1カ月でこの効果を誰でも実感できますので、ぜひ試してみてください。

コラム より上質な筋肉にするための食事のとり方7カ条

3章のコラムで紹介しましたが、トレーニングを開始したら筋肉が育つ土壌を作るために、まずは意識的に良質なたんぱく質をとることにこだわりましょう。

しかし、これだけでは下手をすると体重が増えてしまうばかり、という可能性もあります。

脂肪がついた体重オーバーの体になってしまわないように、普段の食習慣から以下の7カ条を意識してみてください。

【食事のとり方7カ条】

1．1日3回必ず食べよう！ 特に朝食をたくさんとるべし

朝ご飯や昼食を抜いてしまうと、体は一種の飢餓状態になってしまいます。その状態で食事が入ってくると、体は一刻も早く栄養にしようと急激に血糖値を上げることに。

動脈硬化や糖尿病の原因となりやすい血糖値の急上昇は、中年世代は特に避けたいところです。

しかも急激に上がった血糖値を下げるため、インスリンというホルモンが頑張って血糖値は下がるのですが、この際に栄養の多くは脂肪に変わります。結果的にご飯を抜いているにもかかわらず、脂肪は蓄積されやすくなります。

体重とともに脂肪も必要な力士は、あえて1日2食にして、血糖値が上がった食事直後に昼寝をしますよね。もっとも効率よく脂肪を蓄えるため、戦略的に太らせているわけです。プロの力士が狙って行っている「脂肪UP作戦」を我々が取ってはいけません。

2. 食事の前に水分をとろう

あまり知られていませんが、実は食事中の水分補給はあまりおススメできません。理由は胃酸の働きを妨げてしまうからです。

私たちは、食べたものを消化するのに胃酸の力を借りています。胃に入った食べものを胃酸が溶かすことによって消化しているため、食べものが胃の中にあるときに水分をとってしまうと、胃酸が薄まって消化に時間がかかってしまうんですね。

消化に時間がかかればかかるほど、胃はさらに頑張って働こうとしますから、結果的には胃への負担が大きくなっちゃいます。

普段意識することが少ない部分ですが、胃が活動するということは、私たちの体はかなりのエネルギーを使っています。食事中の水分補給によってなかなか消化できない状態が続くことで、胃腸の疲れが抜けなくなっているケースもけっこう多いのです。

食事前の水分補給は、満腹感を得やすく食べすぎを防ぐ効果もあります。

水や麦茶を1杯飲み、まずは味噌汁やスープに口をつけてから食事をとる。これを習慣にしましょう。

3. 油の多いものを避けよう

筋肥大アプローチのトレーニングをしていくうえで、たんぱく質は重要なものの、脂質が高いのはミドルエイジ以降はNG。

からあげや串カツ、フライドポテトや霜降り肉、カルビ、何にでもつけちゃうマヨネーズ……このあたりはたまにちょっとだけ食べられる「ご褒美メニュー」にしておきましょう。

4. 柔らかい肉よりも硬い肉を選ぼう

油の多いものを避ける、ということでお肉をたくさん例に挙げましたが、すべての肉がよくない、というわけではありません。

脂肪が少なくたんぱく質が豊富な赤身肉を積極的にとりましょう。同じ牛肉でも赤身肉のカロリーは半分以下、脂質は約5～6分の1、たんぱく質は約1・5～2倍と大きな違いがあります。脂質が多かったり、油で揚げたりするものは避けましょうね、ということです。

悩んだら、柔らかい肉よりも硬い肉を選びましょう。硬い肉は脂肪分が少なく赤身が多いはずです。赤身の牛肉やラム肉は鉄分やビタミンB群を豊富に含んでいます。特に鉄分は血液を生成するのに必要な栄養素で、女性に多い冷え性を改善する効果も期待できます。

鉄は野菜や海藻などに含まれる非ヘム鉄と、肉や魚に含まれるヘム鉄の2種類がありますが、赤身の牛肉やラム肉には体に吸収されやすいヘム鉄が含まれています。

ダイエットするために野菜だけに偏った食事を続けていると、貧血でめまいや立ちくらみを起こすことがあるので注意が必要です。

また、ビタミンB群は疲労回復効果があるので、女性の健康や美容を保つためにも赤身肉をとることは有効ですよ。

5．和食を基本に

和洋折衷《せっちゅう》が当たり前になったいまの日本。それでもできる限り和食を優先するようにしましょう。

和食により、全死亡・循環器疾患死亡（特に心疾患死亡）のリスクが低下することが明らかになっているからです。

和食スタイルだと海藻、漬物、緑黄色野菜、魚介類、緑茶を自然に摂取する機会が増えます。これらの食品により食物繊維、動植物に広く存在する黄色または赤色の色素成分であるカロテノイドなどの抗酸化物質といった、健康にいい栄養素をしっかりとれるからだとされています。

すべての食事を和食に、というのは難しいかもしれませんが、朝はご飯に納豆、卵と味噌汁、海苔……といった典型的な日本の朝ご飯で固定するなど、意識的に和食をとるようにしていきましょう。

6．野菜・海藻・きのこはどれだけ食べてもOK

食事前に水分をとる、というのと同様、食べすぎを防ぐ有効な方法は「野菜、海藻、きのこ類はいくらでも食べてOK！」というルールを決めてしまうことです。

これらの食材に共通しているのは、低カロリーで食物繊維が豊富なこと。つまり、血糖値の上昇をゆるやかに抑えてくれるんですね。脂肪がつきにくく太りにくくなるわけです。
食物繊維の効果でお腹もふくれるし一石二鳥。ドレッシングの使いすぎにだけ気をつけて、量を気にせず食べちゃいましょう。

7．美味しいものは昼間のうちに！

人間ですから時々はカロリーの高いものやジャンクフードが食べたいときもありますよね。そんなときは「美味しいものは昼間のうちに！」という言葉を思い出してください。夜にカロリーが高いものを食べると、肥満につながる。これは自明の理だからです。

人間も動物ですから活動量が減る夕方以降に食べたものは体に蓄積するだけ。暗くなってからは獲物が獲れなくなるので、食べたら食べたぶんだけとにかく貯蓄に回す。夜はもう寝るだけでエネルギーを使わないので、体にたまっていく。哺乳類としてこのシステムは当然です。

とんかつやラーメン、ハンバーガー……どうしても食べたくなったときには、ランチで楽しむ。その夜はいつもよりも抑えた食事でコントロール。デキる人の無理のない自己管理として、こういったバランスはぜひ身につけていきましょう。

一流アスリートとの㊙エピソード5 高忠伸選手

トンプソン・ルーク同様、近鉄ライナーズ所属時代に「野武士」のような選手に出会いました。彼の名前は高忠伸《こうただのぶ》。日本ＩＢＭから近鉄へ移籍し、近鉄ライナーズではキャプテンも務めるなど８年間在籍。２０１７年より清水建設ブルーシャークスという社会人ラグビーチームで不惑の40代選手としてプレーしています。

彼と初めて会ったのは２０１４年5月。第一印象は「一流プロ選手のオーラを持つ侍」でした。まったくラグビーの知識がない私でしたが、「ああ、この選手は主力選手だな」とすぐにわかりました。体つきや話し方、彼が持つ気配。覚悟を持って仕事に取り組んでいる選手は、その在り方がすでに他を圧倒しているもの。日本人にもこんな雰囲気のラグビー選手がいるんだなぁ、とうれしくなったのを覚えています。

戦場の軍人であろうとする姿勢

近鉄ライナーズでの最終年となってしまった2016年はケガの影響もあり、不本意なシーズンに。トップリーグの近鉄を離れ、社会人ラグビーチーム・清水建設ブルーシャークスに移った彼と約10カ月ぶりに再会した際、二人だけでじっくりと3時間ほど話したとき、

「正しい表現かどうかわからないんですが、グラウンドって戦場だと思っているんです。その最前線に立つのだから俺らは軍人。プロの軍人にならなくては、と常に考えていました」

と語ってくれました。

「これも語弊があるかもしれませんが、いま戦場に出ようと考えていたら自衛隊で訓練をするじゃないですか。まだトップリーグのレベルに達していない新人や、トップリーグのすぐ下で入れ替え戦を目標にしているチームは、自衛隊の中で戦っているようなものだと思うんです」

当時、清水建設ブルーシャークスは3部リーグに昇格したばかりでした。

「初めていまのチームの練習を見たとき、やっぱりレベルの違いには戸惑ったんです。

感覚的にはまだ自衛隊の訓練にも達していないなぁって。言葉を選ばずに言えば、まだサバイバルゲームをやっているところ、というか。

でも微力ですけど自分が入っていったことによって、少しずついい影響を与えられている実感が出てきて、このチームのメンバーのうち、何人かは自衛隊での訓練にはもう少しで行けるんじゃないかって、そんな楽しみが出てきたんです」

うれしそうに話す姿がとても印象的でした。

プロとしての報酬を得ていた近鉄時代と比べると、当時のプレー環境では生活していくのに必要な収入は得られていなかった彼。これまで多くの葛藤があったと言います。それでも、

「いまのチームで求められる喜び、感じてますよ。『報酬なりのプレーでいい』と少しでも妥協していたら、いまの気づきはなかったと思う。グラウンドに立つ以上はプロだから！　と真剣に100％の準備とプレーをしてきてよかった。本当にそう思っています」

いい表情でした。

プロを貫く覚悟

高は、言いづらいこともはっきりと口に出して伝えます。それも明確に。だから「なぁなぁ」で済ませたい事なかれ主義の人には煙たがられるでしょう。敵も作るタイプかもしれません。だからこそ、そんな彼のプロ意識や在り方が私は大好きなんです。とても及ばないけれど自分もそうでありたいから、共感してしまうのでしょう。

「自分を裏切りたくないって気持ちが一番強いのかな。誰が見てなくても自分はわかっちゃうわけでしょ?」

この言葉を聞いて、胸がチクッとなる人も多いのではないでしょうか。

豊富な語彙力《ごいりょく》できちんと自分の心情や相手の様子を伝えられるところからも、彼がトレーニングだけでなく常に教養を身につけようと学んでいることが伝わってきます。

プロであろうとする姿勢。響きは格好いいですが、それを日々貫くのって並大抵のことではありません。普通に生きている人にはまず理解されないはず。そんなつらさに負けることなく、「自分を裏切らないために」100%の状態でグラウンドに立とうとする。彼のそんな姿勢こそ何よりも貴重なものだと思います。

尊敬する彼から「同じチームで力を貸してくれませんか？」と声をかけてもらったことが縁となり、2021年、私はまた彼と同じチームで戦っています。高忠伸の背中を見て成長を続けてきた清水建設ブルーシャークスは、いつの間にかトップリーグ強豪チームと同じステージで戦えるレベルにまでに強くなりました。

本物のプロは描いていたビジョンにまわりを引っ張っていく力がある。身近で彼を見ていてそのことを実感しています。

6章

「尻」と「背中」でメンタルも強くなる筋トレ〈応用編〉

最初はとてつもなく高いハードルに感じていた筋トレが、少しずつ身近になっているはずです。

ここまでに1~2カ月かけてお尻のトレーニングを頑張ってこられたのであれば、腰痛のリスクなく効果的に背中のトレーニングに取りかかる準備は十分ということ。お尻に加えて「背中」のトレーニングに挑戦していきましょう。

章の後半では筋トレ効果を数倍にするヒントも紹介していきますね。

1

広い背中・強い体幹作りに最適な「逆手懸垂《さかてけんすい》」

背中の種目でもっともおススメなのは、ズバリ、懸垂です。トレーニングを理解すればするほど、この種目の効果の高さに感心してしまいます。温故知新を感じるエクササイズ・ナンバー1です。

そんなトレーニング効果が最高に高い懸垂ですが、実施するうえで最大の問題は「ぶら下がる棒がなかなかない」という問題ですよね。自宅にポンッとぶら下がれる鉄棒があるご家庭なんて、まずないはず。

そこでこの種目は、近くの公園や開放されている小学校などに鉄棒がある場合に必ず行ってください。ぶら下がれる棒がある環境であれば、絶対に行っていただきたい超優良エクササイズですので、チャンスを逃さないようにしましょう！

シンプルな動作ではありますが、守っていただきたい懸垂のコツが2つあります。

1つ目は両手を順手ではなく、「**肩幅で、逆手で棒を持つ**」ということ。懸垂でもっとも多いケガは肩を痛めることなのですが、この持ち方で50%以上リスクを減らすことができます。

2つ目は「**上がる際に腰を反《そ》らさないこと**」。腰を反らした弓なりの形での懸垂は、筋力が強くない人にとっては腰痛を引き起こす原因となります。お腹にも力を入れて、できるだけ体を真っすぐに保った状態で上げる。

このポジションをキープするために腹筋や背筋もたくさん使うので、お腹の引き締めや広い背中作りのためにも大切なポイントです。

1秒で上げて2秒かけて下ろす。下ろすときにも、頑張ってお腹に力を入れ続けて体を一直線上に保つ。きれいなフォームで3回×3セットに挑戦してみてください。合計9回でバッチリ筋肉に効きますよ。

逆手懸垂

ここが鍛えられる!

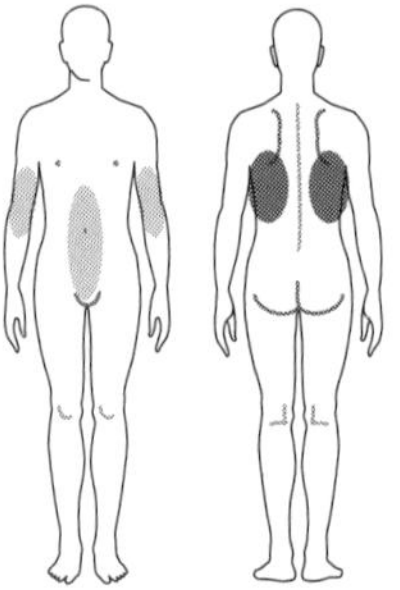

「逆手懸垂」のやり方

①

肩幅で逆手で鉄棒を持つ。

②

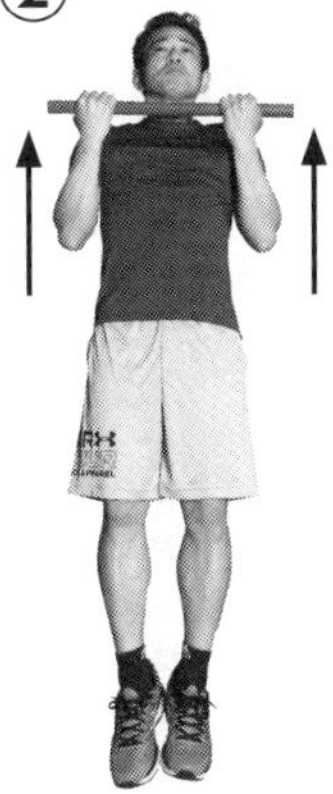

背中の筋肉（広背筋）を意識して、体を真っすぐに保ったまま引き上げる。
１秒で上げて２秒かけて下ろす。

○

お腹に力を入れて、体を反らさないで上げる。

×

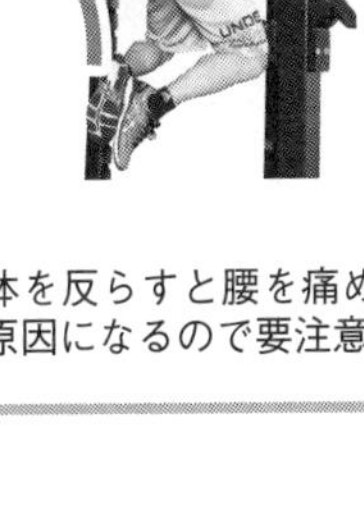

体を反らすと腰を痛める原因になるので要注意！

2 背面全体を強化してくれる「ワンアームロウ」

懸垂の次におススメな背中種目が「ワンアームロウ」と呼ばれるエクササイズです。デッドリフトで使用したポリタンクかゴムバンド、ダンベルを1つ用意してください。台の上に片膝を乗せる形が一般的ですが、広くてきれいな背面作りを目指すのであれば、絶対に両足を床につけてロウ（引く）動作を行うべきです。

メインとして鍛えられる広背筋、菱形筋《りょうけいきん》、僧帽筋といった背中の筋肉以外にも、お尻やハムストリングスにもストレッチ感があり、背面全体を強化することができます。

①椅子ほどの高さ（30〜40㎝）から少し離れて立ちます。デッドリフトのときのように**お尻を後方に突き出しながら、上体を床と平行の角度**になるまで倒していきましょう。バランスを支えるため、片手を台の上に置きます。逆の手で重りを持ちましょう。

この時点で**お尻や太ももの裏に「軽く引き伸ばされている感覚」**が出るはずです。

「ワンアームロウ」のやり方

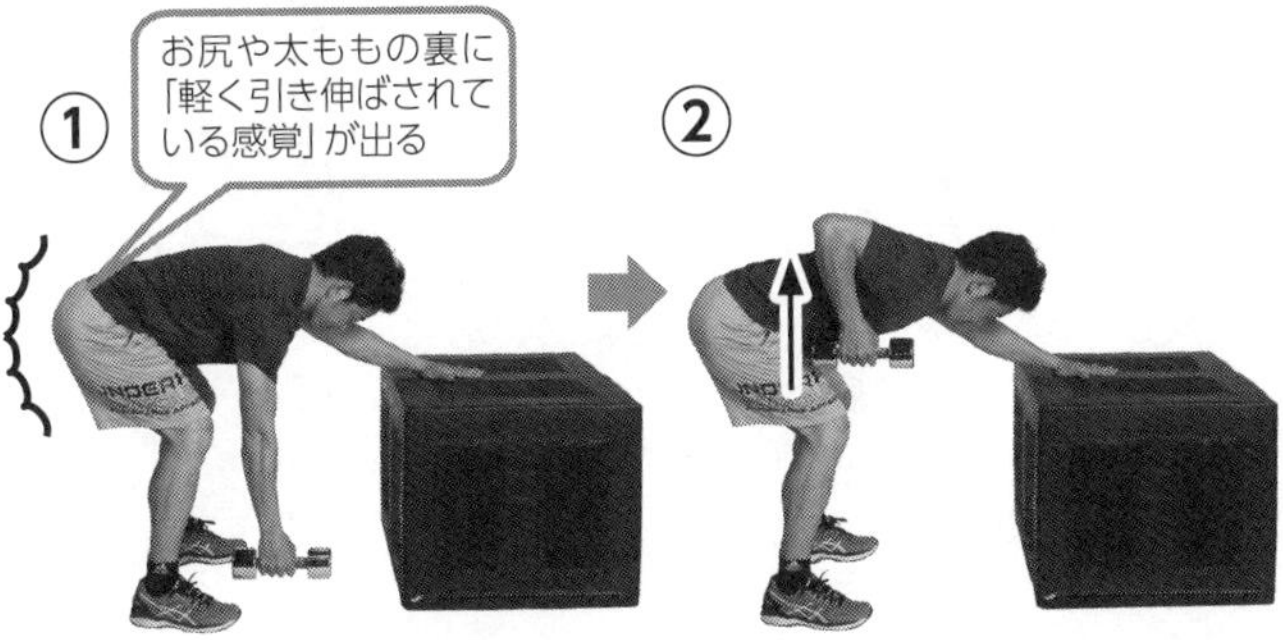
①
お尻や太ももの裏に「軽く引き伸ばされている感覚」が出る
②

椅子ほどの高さ（30 ～ 40㎝）から少し離れて立ち、片手を台の上に置き、お尻を後方に突き出しながら、上体を床と平行の角度になるまで倒す。逆の手で重りを持つ。

体をひねらないように、お腹に力を入れ続けて重りを真上に引き上げる。肘で脇をこするようにして、肘が背中より上にくるまで上げる。1秒で上げて3秒かけて戻す。

②体をひねらないように、**お腹に力を入れ続けて重りを真上に引き上げます。**肘で脇をこするようにして、肘が背中より上に来るイメージです。1秒で上げて3秒かけて戻します。

ワンアームロウ
ここが鍛えられる!

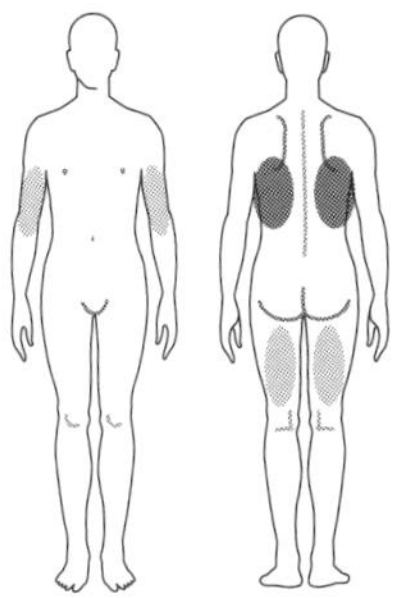

動作中はずっと両足に均等に体重が乗るように調整してください。10回×3セットで肩甲骨の下あたりが焼けるように熱くなるはずです。

お尻を使えると階段上り、自転車こぎもラクになる

テストステロンを高める、これらのエクササイズを実施していくことのうれしい副作用の一つが「お尻を使う感覚がつかめてくる」ことです。

本来はごく自然に使われるべきお尻の筋肉たちですが、座りっぱなしの生活習慣や姿勢悪化により、多くの日本人が使い方を忘れている部位でもあります。

せっかく活性化されたお尻の筋肉たち。筋トレ中だけでなく普段の生活の中でも意識的に使っていきましょう。

おススメな日常習慣の2つが「お尻に効かせる階段上り」と「お尻を利かせる自転車こぎ」です。

移動や通勤の途中、階段が目の前に現れたら、マスターした肩甲骨のパッキングを維持

お尻を使ってラクに階段を上る

階段を効率よく、ラクに上れるだけでなく、お尻を使う感覚の意識を高めるトレーニングにもなる。

しながら、少し重心を高くするイメージ。**足の裏全体をステップに乗せて、足裏のど真ん中で「押し込む」**ように、階段をリズムよく上っていきましょう。

階段が続くと足に疲れが出てくるのは当然ですが、いままで膝の上あたりに感じていた疲労が、お尻のつけ根に移動しているのを感じられるはずです。

意識しなくてもいままでよりもラクに速いスピードで階段を上りきれていることにも気づくはずです。

階段でのお尻の使い方を、自転車に乗るときにも応用してみましょう。ポイントはいままでよりもサドルを5㎝高く設定すること。ペダルが一番下にあるときに膝がほぼ真っすぐになる位置まで上げてください。結果的にいままでよりも前かがみになり、骨盤は前傾位になります。

本来はこの位置がもっとも効率よく自転車に力を加えられるポイントです。

何の指導もされたことのない日本人の99％は、膝を曲げた位置からペダルを下に踏み込むところで足に力を込めています。

……実はこれ、全然効率的じゃないんです。坂道を上っていて足が疲れてフラフラする

お尻を利かせて効率よく自転車をこぐ

ペダルが真下に行ってから後ろに回るタイミングで、ペダルを「グッ」と押し込むと、お尻の筋肉が上手に使え、ラクに長くこぐことができるようになる。

とき、太ももの前ばっかりしんどくなる使い方ですよね。

ラクに強く、長く自転車に力を伝えるには、**ペダルが真下に行ってから後ろに回るタイミングでグッとペダルを「押し込む」**のがベスト。階段を上るのと同じ要領で、お尻の筋肉たちを上手に使うことができるんです。

頑張って学習した「体の正しい使い方」を活用することで、日常生活の中でも効率よく下半身を鍛えることができます。

ぜひ今日からすぐに実践してみてください！

まめに肩甲骨を動かしてセデンタリーを防ぐ

世界的権威のある医学雑誌「ランセット」。２０１７年に入ってからこの雑誌で衝撃的な論文が発表されました。

それが世界の死因の約９％が運動不足の影響を受けているという事実。そして日本人は経済大国の中でもその比率が高く、死因の16％に影響を与えているというデータでした。

セデンタリーと言われる座りっぱなし。１日平均８〜９時間と世界でもダントツに長い時間座っているのが日本人。セデンタリーは喫煙習慣と同じくらい健康に悪影響を与えている、というデータも出ているのです。

この状態を避けるためには、とにかく気がついたらいろいろな方向へ肩甲骨を動かすことです。肩をすくめたり（挙上）、肩甲骨を寄せたり（内転）、腕を横から上に回したり（上方回旋）。

肩甲骨を動かすことはすなわち背中を動かすこと。お尻とも連動している背中を動かすことでセデンタリーによる悪影響を避けることができます。

鍛えていく過程で、いままでよりも上手に動かせるようになった背中を最大限活用していきましょう。

コラム トップアスリートの驚くべき睡眠習慣

アスリートたちの特徴で驚かされることの一つに睡眠習慣があります。まず何より驚くのが長い睡眠時間です。

プロアスリートほど、とにかくたくさん寝ます。ライオンやトラといった肉食動物の睡眠時間は14～16時間だそうですが、アスリートも普通に10時間は寝る人がほとんどです。

スポーツ以外の本業を持つ社会人アスリートは、プロアスリートに比べてケガの発生率が高い傾向にありますが、一番の原因は慢性的な睡眠不足にあると感じます。

一生懸命に寝る時間を確保しようとしているのですが、やはり通常業務をしながら競技スポーツに取り組むアスリートにとっては、一般的に必要とされている7時間程度では回復がとても追いつかないのです。

睡眠がケガやパフォーマンスに直結している自覚があるため、総じてアスリートは睡眠への投資意識が高く、その意識は一般の人の想像以上。

睡眠用の（肌ざわりが良く、保温効果が高い、ゆったりとした）リカバリーウェア、専用枕、マットレス、睡眠用マウスピース、ストレッチポールやマッサージローラーなどのリカバリーグッズ……。睡眠の質を高めるためにはお金をまったく惜しみません。

一流のアスリートほど実は風邪を引きやすいのは、あまり知られていません。

体を守ってくれる体脂肪をギリギリまで削ぎ落としていたり、激しいトレーニングによって一日の体温変化が激しかったりするためなのですが、だからこそアスリートたちは、自分の体調管理に日々一生懸命です。

新幹線や飛行機の移動中、有名アスリートを見かけたことがある方、その選手は眠っていませんでしたか？

一流アスリートとの㊙エピソード6　小宮山悟投手

現在、名門早稲田大学野球部の監督として現場復帰されている小宮山悟さん。40代半ばとなった私ですが、会うたびにこれだけ緊張する方は小宮山さんだけかもしれません。小宮山さんは私のメンターなんです。

優しさと甘さは違う

小宮山さんから受けた指導でもっとも印象的なもの、恥ずかしい私の経験を暴露することになりますが、「甘さと優しさの違い」を皆さんと共有できたらと思います。

千葉ロッテマリーンズにてトレーニング指導を始めたのは27歳の頃。「ジョニー」の愛称で知られる黒木知宏投手や、「Mr.ロッテ」と呼ばれた初芝清選手、はたまた米メジャーリーグ（MLB）を経験したあとの小宮山悟投手などがいました。チームの選手の半数以上が私よりも年上。百戦錬磨の猛者《もさ》たちの中に飛び込んだ若造コーチであった私は、当時はきちんと締めるべきところを締め、強制力を持ってトレーニングを完《かん》遂《すい》させることができない場面が多々ありました。

年上の選手相手に一度でもこういった態度を示すと、入団2～3年目の選手たちも「この人には強く出れば、自分の思い通りになるだろう」といった感覚が出てきます。徐々に選手たちを統率することが困難になってきたのです。

そんなある日のこと。試合前の練習を終えた小宮山さんが、私の目を真っすぐ見て、「お前のは優しいいんじゃなくて、甘いんだよ。それじゃあ伝わらないだろ?」ズバッと言われたのです。……まさにその通り。指摘があまりにも図星で、何も反論できませんでした。

思い悩んでいたものの、私はどこかで「一人ひとりの選手のことを考えてプログラムを組んでいるのに、勝手なことばっかり言いやがって」と選手のせいにしていたのです。

「選手自身がこう言ってるんだから仕方がないか。自分が言ったことを押し通してケガでもしたら大変だ」

「考えて指示を出しているけれど、正直100%の自信がない。責任を取るのが怖い」

認めたくないのですが、実はそんなふうに考えていたのです。小宮山さんには、そんな私の中途半端な思いはお見通しだったわけです。

選手一人ひとりもプレーに生活がかかっています。トレーニングを担当している私がどれだけ自信と覚悟を持って選手に接しているか。その熱量や自信を推し量り、コンディショニングコーチとしての私を判断するわけです。当然のことですね。

単なる「Ｈｏｗ ｔｏ」ではなく、自分のプログラムや指示、言動や立ち居振る舞いといった本質的なところで選手から認められることこそが重要。それなくして選手は誰もついてこないのだということに、ようやく気づくことができました。

厳しさの中の情

小宮山さんには厳しく指導を受ける場面が多くありました。落ち込み、萎縮することもありましたが、厳しさの中にも気遣いや心配りがあるのが小宮山さんの魅力。

千葉ロッテ退団後のキャリア設計に悩む私の相談に乗ってくださったり、ＳＮＳでの発信にもコメントをくださったり、常に存在を気にしてくださっていることがわかります。

トップに求められるものは人間力や品格である、という言葉。トップが超一流の専門家である必要はなく、ある意味「象徴」として機能すればいいのだけれど、品《ひん》みたいなものこそが大切なはず、といったお話をしてくださったことが、とても印象的でした。野球界だ、ラグビー界だ、サッカー界だ、ではなくて、スポーツ文化を通して日本に貢献したい、という大局観を持って考えることが大事だともおっしゃっていました。

自分が尊敬できるメンターがいるって幸せなこと。大きな、大きな存在であるメンターを前にしたとき、いまの自分がどれくらい成長できているのか、どんな器になっているのかを自然と推し量ることができるからです。

正解なんてないけれど、自分の立ち位置や思考がいま、どんなところにあるのか。それを把握できる「ものさし」のような存在がメンターなのではないか。そんなふうに感じています。

アマチュア野球の発展のため、まだまだ現場に携わっていかれると思いますが、その後のキャリアとして日本のスポーツ文化を創っていく立場で活躍される日も遠くないでしょう。緊張しかありませんが、またお会いして成長した姿を見せられる日を楽しみにしています。

7章

いまこそ効果が出る！「胸」と「腹」を最短で鍛える筋トレ

最終章は正直、ボーナス特典みたいなものです。筋トレをやめずに少しずつ種目を増やしてきたあなたは、本当にスゴイです！　おめでとうございます。

2～3カ月筋トレを続けてきたことで、徐々にお尻や背中を中心とした体の背面のライン（ＰＫＣと呼びましたね）が安定してきています。姿勢は見違えるようによくなっているはず。

いまこそ動きやすくなった、体の前面である胸の筋肉や腹筋も効果的に「効かせられる」レベルになってきたわけです。

「そろそろ大胸筋、鍛えたいなぁ……」

そんな欲求がふつふつと湧いてきたあなたに、最速で筋肉を大きくすることができる、とっておきの種目をプレゼントしましょう。

1

「プッシュアップ」で最速で大胸筋を大きくする

胸を鍛える種目でまずやるべきはズバリ、腕立て伏せ、プッシュアップです。

プッシュアップは、スタートポジションでは自体重の69％、一番下まで下げたポジションでは75％の負荷がかかるというのが研究結果から出た平均値。例えば体重70kgなら正しいフォームで行うプッシュアップ10回は50kg×10のベンチプレスとほぼ同様の効果があるであろう、ということになります。

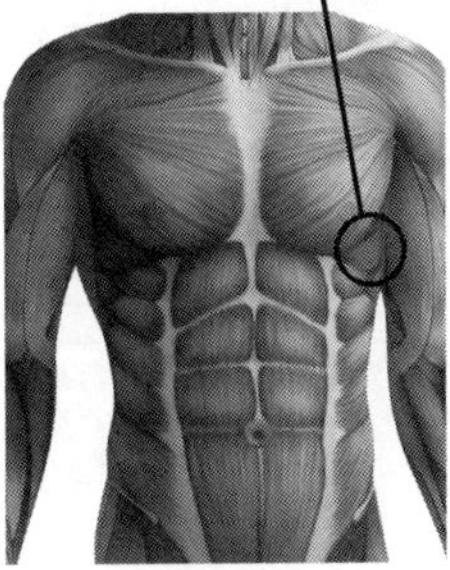

そしてベンチプレスに比べて前鋸筋《ぜんきょきん》という筋肉を発達させることができることもわかっています。この前鋸筋、胸椎の働きを助けて肩を安定させてくれます。

深く知れば知るほど、この種目が全身に刺激を与える優秀なものであることがわかります。背中やお尻が正しく使えるようになったいま、やらない手はありません。

まずは正しい「プッシュアップ」のやり方から

①背中を真っすぐに保ち、両手両足を地面につけます。**肘は胴体から45度の位置に。**

②**「胸から動く」ように体を下げていきます。**このときお尻はグッと締めて。肩甲骨もパッキング（内側に寄せる）。

③胸が床に触れるか触れないかで、**両手のひらで床を「グーッと押し下げる」イメージで。**

やはり3秒で下げて1秒で上げるテンポで、10回×2セット行いましょう。

このスタイルでやるだけでバッチリ胸を中心とした全身に効いてくるはずです。

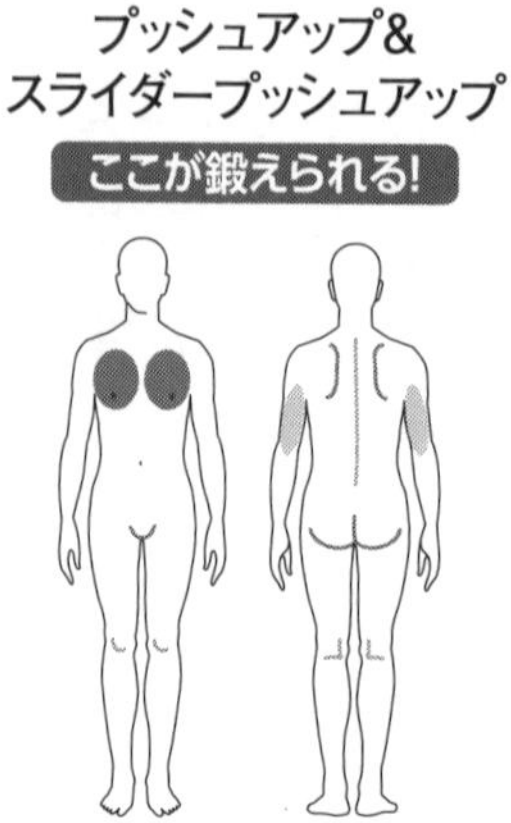

「プッシュアップ」のやり方

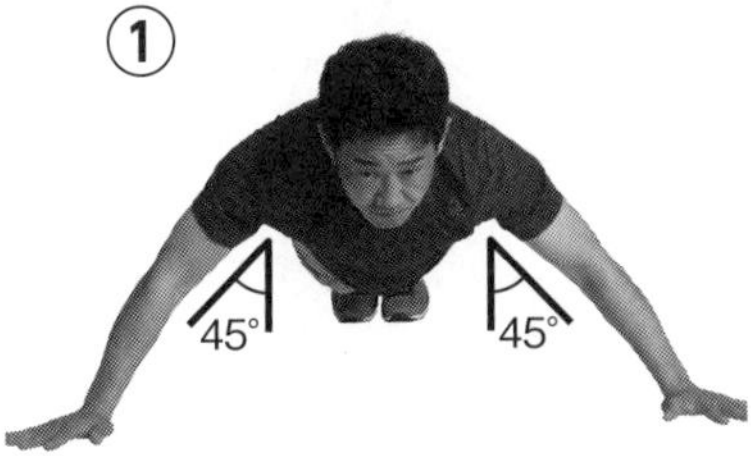

背中を真っすぐに保ち、両腕は 45° の角度に広げる。肩幅の倍が目安。

「胸から動く」ように体を下げていく。このときお尻はグッと締め、肩甲骨はパッキングする。

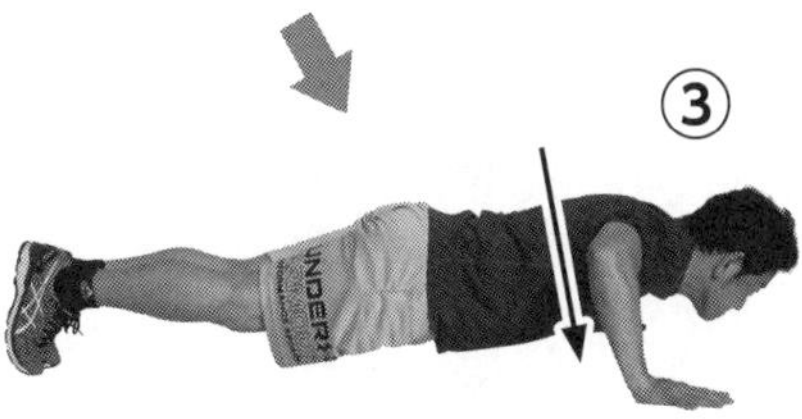

胸が床に触れるか触れないかの位置までいったら、両手のひらで「床をグーッと押し下げる」イメージで体を上げていく。
３秒で下げて１秒で上げるテンポで、10回×２セット行う。

「スライダープッシュアップ」に挑戦してみよう

プッシュアップは、特に男性であればすぐに慣れてくる種目です。そこで、少ない回数でメチャクチャ効かせることができる「スライダープッシュアップ」を紹介しましょう。

①平たい床（できればフローリング）で、ダンボールの切れ端などを用意し、片手をその上にのせる。プッシュアップの開始ポジションを取る。
②胸から動かしつつ、**ダンボール側の手は真上（180度）の方向へ滑らせながら下ろす。**2回目は斜め上（135度）に、3回目は真横（90度）に滑らせながら下ろしていく。

3秒で下げて1秒で上げる。左右3回ずつを3セット。

わずか9回でものすごい筋肉痛が胸に起こるはず。エキセントリック収縮という、縮みたい筋肉が外力に負けて引き伸ばされる収縮を利用して、強い負荷をかけることができるのです。難易度は高いですが、ぜひトライしてみましょう！

「スライダープッシュアップ」のやり方

〈上から〉

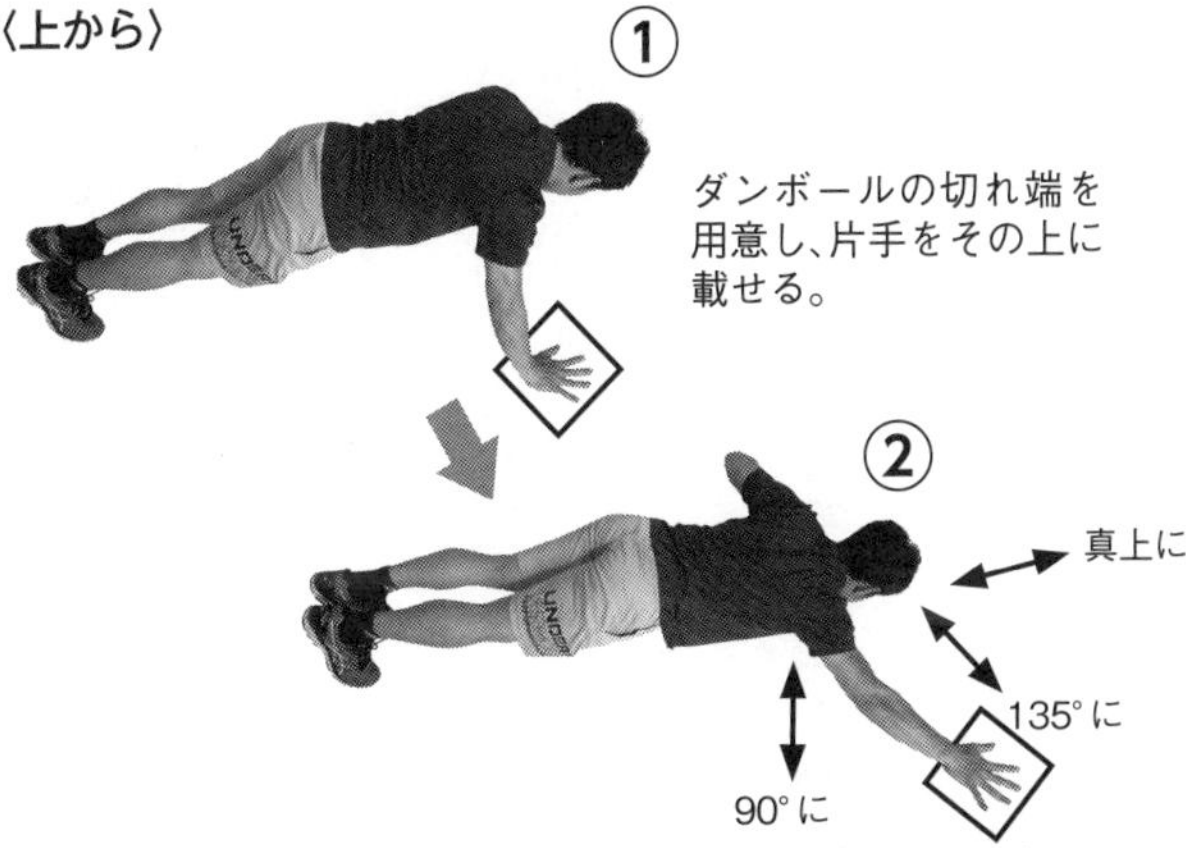
①
ダンボールの切れ端を
用意し、片手をその上に
載せる。
②
真上に
135°に
90°に

胸から動かしつつ、ダンボール側の手は真上（180度）の方向へ滑らせながら下ろし、その後、両手を元の位置に戻す。2回目は斜め上（135度）に、3回目は真横（90度）に滑らせながら下ろしていく。

〈前から〉

①
慣れないうちは、
プッシュアップのと
きより手の幅をやや
狭めにしてもいい。
②

胸が床に触れるか触れないかの位置までいったら、滑らせた手を戻しつつ、反対の手のひらで「床をグーッと押し下げる」イメージで体を上げていく。

2

引き締まった腹筋を最短で手に入れる「ロッキングチェアクランチ」&「サイドロッキングチェアクランチ」

腹筋種目については、やりすぎは腰痛を引き起こす可能性もあるので要注意。引き締まった美しい腹筋を作りたいのであれば、高強度のものを少量やるのが基本です。数ある腹筋種目の中で、文字通り「Doing more with less」（最小の努力で最大の効果）を地で行くものが「ロッキングチェアクランチ」と「サイドロッキングチェアクランチ」です。

腹直筋を最小の努力で鍛える「ロッキングチェアクランチ」

①仰向けに寝て、おへその上で両肘・両膝をつける。

②**つけた肘と膝を離さない**ようにし、少し反動を使って上体を起こす。ロッキングチェアのように揺れ続ける。

「ロッキングチェアクランチ」のやり方

①

仰向けに寝て、おへその上で両肘・
両膝をつける。

完全に起き
上がる手前
で①に戻す

②

つけた肘と膝を離さないように
し、少し反動を使って上体を起
こす。ロッキングチェアのよう
に揺れ続ける。
10回×2セット。できるだけ
ゆっくりとしたリズムで揺れ続
けるのがポイント。

ロッキングチェアクランチ
ここが鍛えられる!

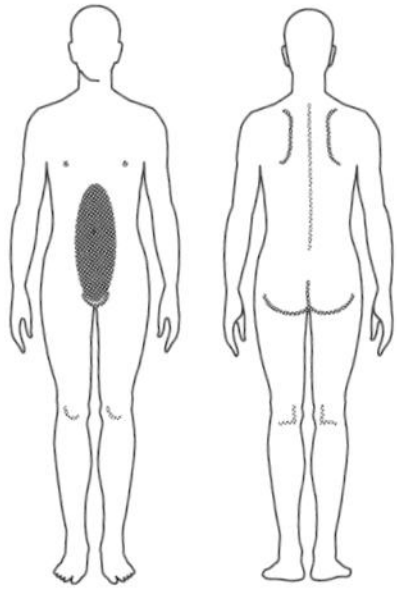

10回×2セット。リズムはできるだけゆっくりと揺れ続けるのがポイント。

これもシンプルな動作ながら、前述のスライダープッシュアップ同様、腹筋群にエキセントトリック収縮が入ります。強烈な負荷となってお腹に効いてきますよ！

見栄えのいいお腹は腹斜筋がカギ「サイドロッキングチェアクランチ」

見栄えのいい腹筋は、実は腹斜筋と呼ばれる脇腹を鍛えているかどうかがポイント。ロッキングチェアクランチでおもに腹直筋を鍛えたら、今度は腹斜筋を強烈に刺激するサイドロッキングチェアクランチに挑戦してみましょう。

①仰向けと横向きの中間、45度の位置に寝る。
②上の手は頭の後ろに、下の手は上側の脇腹に置く。膝を軽く曲げて、下の足が上にくるように足首をクロス。この状態と角度をキープする。

「サイドロッキングチェアクランチ」のやり方

仰向けと横向きの中間、45度の角度で寝る。上の手は頭の後ろに、下の手は上側の脇腹に置く。膝を軽く曲げて、下の足が上にくるように足首をクロス。この状態と角度をキープする。

上方に足首を振り上げて、反動をつける。

反動を使って、①の体の形をキープしながら、ゆりかごのように上体を小さく起こす。これを繰り返す。10回を左右2セットずつ、リズムよく行う。

サイドロッキングチェアクランチ

ここが鍛えられる!

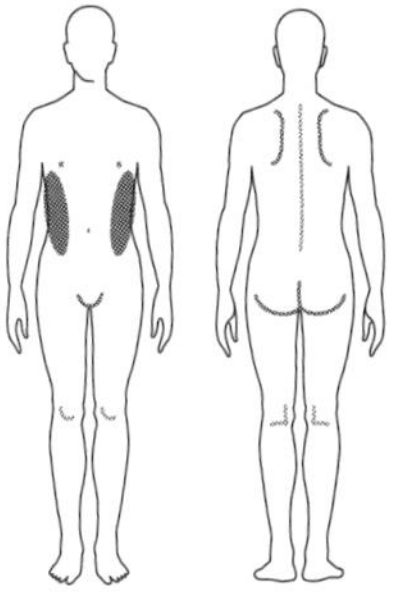

③上方に足首を振り上げて、反動でゆりかごのように上体を小さく起こす。**①の体の形をキープしたまま、足首を小さく振り上げて上体を小さく起こす**……を繰り返す。

10回を左右2セットずつ、リズムよく行いましょう。

この種目を行うと上側の腹斜筋が焼けるように熱くなるのを感じるはず。私が考案した完全オリジナルの強烈な刺激の種目です。ドキドキしながら実践してみてください！

コラム 効果的な筋トレに欠かせない2つの補助アイテム

トレーニングの5大原則というものの1つに「意欲・意識性の原則」というものがあるのをご存じですか？

集中できているか、トレーニングの目的を理解できているか――それらによってトレーニング効果は大きく変わる、という原則です。

運動の内容、目的、意義をよく理解し、積極的に取り組むこと。そして、どこの部位を鍛えているのか意識しながら行うとトレーニング効果がアップすることがわかっているのです。

さらに、筋トレそのものに慣れてきたら、トレーニングの質にもこだわるべき。ここでは私が特におススメする2つの方法を紹介しましょう。

1．音楽を徹底的に活用せよ

私が普段関わるアスリートたちの間で、エアポッズプロなどノイズキャンセリングイヤフォンの普及率が異常に高いのに驚かされます。

団体行動や移動が多いため、自分ひとりの世界に入りリラックスできるノイズキャンセリング機能への需要が高いのです。皆そこまで専門的なことを考えているわけではないものの、自然と副交感神経を優位にして、心身をラクにしたいという意識が人一倍強いのでしょう。

ノイズキャンセリングイヤフォンを装着し、試合前に瞑想《めいそう》したり、一人でこれからの試合を脳内でシミュレーションしながら、内なる自分の世界に入り込んでいく。そんな選手たちの姿は日常的な光景だったりします。

ポータブルスピーカーも一人1つは購入していて、ロッカーに持参したりしています。ひとたび筋トレをスタートさせると、「もっと音量上げようぜ！」と高いテンションでエクサイズに励みます。

ここではアップテンポの音楽を聴くことで、無意識に交感神経の働きをオンにしているのでしょう。非常に上手に音楽を通して聴覚を利用しているアスリートたち。ぜひ見習っていきましょう。

2．カフェインタブレットを活用する

筋力トレーニングや公式戦中には、カフェインタブレットを飲む選手も多いです。もちろんドーピングに引っかかるような怪しいものではなく、禁止薬物検査をパスした製品です。ハレオ社の「UP！」などが有名ですが、ブラックコーヒー1杯でとれるカフェインの4倍程度を摂取できます。

コーヒーの摂取同様、長期的に頻繁にとりすぎると緊張感、興奮性、不眠、ときには心拍数の上昇を引き起こす可能性があり、高血圧を招くなどのリスクがあります。使い方には十分な注意が必要で、体に不安のある方は一度かかりつけ医に相談してみたほうがいいでしょう。


しかし上手に活用することで、覚醒作用により集中力が高まります。週2〜3回の筋トレの

際のみ、定められた量のカフェインタブレットを活用することで、前述した「意欲・意識性の原則」に則った高いクオリティでお尻や背中を鍛えることができます。

一流アスリートほど、同じ筋トレをしていても質が格段に向上し、トレーニング効果が高まるひと工夫を惜しみません。これらの工夫は一般の我々も大いに参考にしたいものです。

エピローグ

伝えたいことは、もれなくお伝えしました。ここまで通して読んでいただいて、本を片手にとりあえずエクササイズを始めてみたあなた。……いい心構えです！　きっと今回のアプローチでトレーニングを続けていけるはず。まずは1日5分。しっかりとお尻に効かせるエクササイズから習慣化していってください。

さまざまな角度から筋トレの効果を紹介してきました。特にテストステロンを高めることの効用については丁寧にお伝えしてきたつもりです。

最大の内分泌器官である筋肉を鍛えることで、社会性ホルモンであるテストステロンの分泌を高める。中年以降、グンと減ってしまうこのホルモンを維持し、元気に若々しく過ごしていく。

アスリートやトレーニング熟練者ではない方に対して、現段階でもっともおススメなアプローチを全力で執筆し、お伝えしてきました。

でも、本心を言うと、何がなんでもテストステロンを高めよう！　ということを伝えたかったわけではありません。

皆さんが興味を持って筋トレをやってみよう！　と行動してくれるキッカケを提供したかった、というのが一番の理由です。

筋トレっていいものです。もっともっと多くの人に、この素晴らしさや効果を体験してもらいたい。これが私の願いです。

筋トレの一番の成果は、筋肉がつくことではありません。自分が潜在的に持っている力を１００％発揮できるようになること。自分の可能性に気づき、誰でもないあなた自身が「なかなかやるじゃないか！」と自分を認めてあげられるようになること。自然とそんな自信がつくことこそ、筋トレが持つ最大の効用です。

世の中って全然フェアじゃありません。自分が頑張っても報われないことだらけだし、頑張ったぶんだけ誰かに認めてもらえることなんてほとんどありませんよね。

でも筋トレは違います。極端で間違った方法を選ばず正しい努力を重ねさえすれば、やればやるだけきちんと結果が出ます。

成果が出るスピードや効果の大きさに多少の差はあっても、かけた時間と努力がきちんと実《み》となって返ってくるんです。これってすごいことだと思いませんか？

2020年以降、日本どころか世界中で新型コロナウイルスが猛威を振るっています。この本を読んでくださっているあなたも、職場環境や働き方が大きく変わったかもしれません。

ぜひ、自宅で手軽に始められる筋トレに挑戦してみてください。抱えているモヤモヤや不安が解消されて、前向きな気持ちになるはずです。

ままならないことが多くても、筋トレはあなたを裏切りません。頑張ったぶんだけきちんと報われる優しい世界に足を踏み入れてほしいのです。

この本がそのきっかけになることを、心から願っています。

あとがき

本文中では詳細を書きませんでしたが、私の父、弘田澄男は、プロ野球の世界で1500本以上の通算安打を誇り、日本シリーズのMVPも受賞。現役引退後もコーチとして20年以上雇用され、ワールド・ベースボール・クラシック（WBC）で初代日本チームが世界一になったときもコーチとして貢献しました。団塊の世代の方々に「弘田澄男っていうプロ野球選手をご存じですか？」と聞けば、「ああ、あのいぶし銀の外野手ね」と思い出してもらえるような選手でした。

父は37歳で現役を引退。私が物心ついた頃には、すでに30歳を超え、毎年の成績は徐々に下降線をたどっていました。そんな当時、9月末に父が所属する球団事務所から自宅にかかってくる1本の電話は、恐怖以外の何物でもありません。契約更改ができるのかどうかを告げる電話がかかってくるからです。

電話がくると、私は3つ年上の姉と一緒に、両親に気づかれないようにドアの側《そば》で耳をそばだてていました。

「……はい、わかりました。失礼します」

そう答えて電話を切った父。その後はぶっきらぼうな口調で母に向かって、こう言います。

「おい、スーツとネクタイ、印鑑を用意しておけ。2週間後に契約更改だ」

この言葉を聞いて、私は姉と声を押し殺しながらハイタッチ。保留さえしなければ来シーズンの仕事が確定するからです。私にとっては当たり前の日常でしたが、これが特殊な環境であったことはいまになるとよくわかります。

幼い頃に、イヤというほど目の当たりにしていたプロアスリートの厳しい現実。それにもかかわらず「プロフェッショナルなアスリートたちをサポートする専門家になりたい」と、何の保証もないプロスポーツの現場に飛び込みました。

私が中学生になった頃、両親が離婚し親子としては決して円満とは言えなかった父との関係。しかし、プロとして常に不安を抱えながら戦う背中を見続けたことで、自然にいまの仕事に対する覚悟とアスリートたちに対する揺るぎない敬意を持つことができました。

その結果として、多くの一流選手たちが私を信頼してくれたのだと思っています。
２０１５年に独立リーグの１チームの監督を退任してから、スポーツ現場から離れた父。背中はずいぶん小さくなりましたが、いまでも大きな存在です。

最後に。
今回の書籍出版にあたり、ずっと最大限の愛で私を包み、女手一つで育ててくれたお母ちゃん。最大の理解者で運命共同体になってくれた妻、静。家族を持つ喜びを教えてくれた楓月と穂乃果。わがままな私の働き方をサポートしてくれる、姉やたくさんの仲間、戦友たち。いつも本当にありがとう。

弘田雄士

おもな参考文献

「朝日新聞DIGITAL」2017年11月1日
『ストレングストレーニング&コンディショニング（第3版）』Thomas R.Baechle・Roger W.Earle（著）金久博昭・岡田純一（監修）　ブックハウス・エイチディ
『姿勢と体幹の科学』藤縄理・高崎博司（監修）　新星出版社
『科学的に正しい筋トレ 最強の教科書』庵野拓将（著）　KADOKAWA
『姿勢チェックから始めるコンディショニング改善エクササイズ』弘田雄士（著）　ブックハウス・エイチディ

青春新書
INTELLIGENCE

こころ涌き立つ「知」の冒険

いまを生きる

〝青春新書〟は昭和三一年に――若い日に常にあなたの心の友として、その糧となり実になる多様な知恵が、生きる指標として勇気と力になり、すぐに役立つ――をモットーに創刊された。

そして昭和三八年、新しい時代の気運の中で、新書〝プレイブックス〟にその役目のバトンを渡した。「人生を自由自在に活動《プレイ》する」のキャッチコピーのもと――すべてのうっ積を吹きとばし、自由闊達な活動力を培養し、勇気と自信を生み出す最も楽しいシリーズ――となった。

いまや、私たちはバブル経済崩壊後の混沌とした価値観のただ中にいる。その価値観は常に未曾有の変貌を見せ、社会は少子高齢化し、地球規模の環境問題等は解決の兆しを見せない。私たちはあらゆる不安と懐疑に対峙している。

本シリーズ〝青春新書インテリジェンス〟はまさに、この時代の欲求によってプレイブックスから分化・刊行された。それは即ち、「心の中に自らの青春の輝きを失わない旺盛な知力、活力への欲求」に他ならない。応えるべきキャッチコピーは「こころ涌き立つ〝知〟の冒険」である。

予測のつかない時代にあって、一人ひとりの足元を照らし出すシリーズでありたいと願う。青春出版社は本年創業五〇周年を迎えた。これはひとえに長年に亘る多くの読者の熱いご支持の賜物である。社員一同深く感謝し、より一層世の中に希望と勇気の明るい光を放つ書籍を出版すべく、鋭意志すものである。

平成一七年　　刊行者　小澤源太郎

著者紹介

弘田雄士〈ひろた　ゆうじ〉

1976年東京都出身。スポーツトレーナー、鍼灸師。日本大学を卒業後、オハイオ州立大学トレド大学にて運動科学を専攻。米国ＭＬＢ傘下３Ａチームにて野球におけるコンディショニング・トレーニングの経験を積む。2003年より千葉ロッテマリーンズのコンディショニング・コーディネーターを務め、05年の日本一に貢献。15年、ラグビーのトップリーグチーム・近鉄ライナーズのヘッドコンディショニングコーチに就任。18年からは同じくラグビーの清水建設ブルーシャークスのコンディショニングコーチを務めるとともに、日本大学のハイパフォーマンスディレクターとして、ラグビー部や駅伝、サッカー部のトレーニングプログラムを管理している。

最速《さいそく》で体《からだ》が変《か》わる「尻《しり》」筋《きん》トレ

青春新書
INTELLIGENCE

2021年４月15日　第１刷

著　者　弘《ひろ》　田《た》　雄《ゆう》　士《じ》

発行者　小　澤　源　太　郎

責任編集　株式会社プライム涌光

電話　編集部　03(3203)2850

発行所　東京都新宿区若松町12番１号　〒162-0056　株式会社青春出版社

電話　営業部　03(3207)1916　振替番号　00190-7-98602

印刷・中央精版印刷　製本・ナショナル製本

ISBN978-4-413-04616-9